교실 속 작은 사회

무심코 했는데 혐오와 차별이라고요?

❷ 혐오와 차별

2 혐오와 차별

교실 속 작은 사회

무심코 했는데 혐오와 차별 이라고요?

김청연 글
김이주 그림

어크로스
주니어

추천사

★★★★★

　우리 아이들이 살아가는 학교와 교실에서 실제로 일어나는 생생한 사례들을 담은 이 책과 만나게 되어 참 반갑고 고맙습니다. 아이들도 때로는 혼자 끙끙 앓으며 어떻게 해야 할지 몰라 마음을 졸이고는 합니다. 이 책은 그런 순간마다 또래 친구들과의 이야기 속에서 실마리를 발견하고, 자신의 속마음을 들여다보며 해결의 실마리를 찾을 수 있도록 이끌어 주는 따뜻한 마중물이 되어 줍니다.

　자칫 무겁고 어렵게 느껴질 수 있는 주제들을 일방적인 설명이나 훈계가 아니라, 어린이들과 함께 고민하고 공감하며 스스로 판단하고 성장할 수 있도록 안내하는 방식이 무엇보다도 매력적입니다.

　〈교실 속 작은 사회〉 시리즈는 어린이들뿐 아니라 아이들의 마음을 더 깊이 이해하고 싶은 부모님과 선생님들께도 꼭 추천하고 싶습니다. 평화로운 교실과 세상을 꿈꾸는 모든 분들과 함께 읽고 싶은 책입니다.

- 전국초등사회교과모임

★★★★★

"더 이상 숨지 않아. 난 빛나기 위해 태어난 존재니까." 한 애니메이션 영화 주제가 가사 일부예요. 우리는 누구나 빛나기 위해 태어난 존재이고, 빛나는 존재로 살기를 원해요. 우리가 가장 빛나는 순간은 바로 있는 그대로의 내 모습으로, 나의 존재 자체로 존중받을 때죠. 나의 존재를 부정당할 때 우리는 얼마나 쪼그라들고 비참해지는지 몰라요.

이 책은 일상생활에서 자기도 모르게 내뱉는 혐오와 차별의 말들이 누군가의 존재 자체를 얼마나 작아지게 만드는지 깨닫게 해 줘요. 그저 남들이 많이 쓰니까, 재미있으니까 쓰는 말로 친구를 울리고 마는 준수, 그런 말들을 들으며 조금씩 쪼그라드는 한결이, 하빈이 같은 친구들의 모습을 통해 스스로를 돌아보게 되죠. 이 책은 여기서 그치지 않고 우리가 어떻게 이 혐오와 차별에 대항해야 하는지도 고민하게 하죠.

있는 그대로의 모습으로 존중받으며 모두 함께 반짝반짝 빛나는 삶을 누리기를 바라는 모든 이들에게 이 책을 권해요.

- 정정희(교사, 《댓글 달기 전에 생각해 봤어?》 저자)

★ 등장인물 ★

이준수
'개극혐? 유튜버가 말하면 사람들이 환호하던데…….'
친구들 사이에서 '신조어 전파자'로 통한다. 평소 온라인 미디어 채널을 활발히 이용하고, 이 채널에서 접한 표현들을 일상에서 자주 쓴다.

이선주
'개극혐? 그런 말을 하는 애들이야말로 극혐이야!'
석 달 전 전학을 왔지만 새 환경에 금세 적응했다. 똑 부러진 성격으로, 친구에게 욕을 하거나 모둠 활동에서 무임승차하는 애들을 보면 쓴소리를 한다.

최한결
'내가 이상한 건 사실이야.'
반에서 '이상한 애'로 여겨지는 한결. 틱 장애와 가벼운 ADHD 증상이 있다. 긴장하거나 스트레스를 받았을 때 눈을 깜빡이곤 한다.

김규연

'난 공부도 못하고, 얼굴도 못났어.'
'규연'이라는 이름보다 '귤희 동생'으로 많이 불린다. 그다음으로 많이 듣는 말은 "쟤네 언니는 키도 크고 날씬한 데다 눈도 크고 얼굴도 하얗고 일등만 하던데."이다.

진하빈

'문화 다양성 시대? 근데 왜 자꾸 위축될까?'
친구들과 두루 잘 어울리는 하빈이는 겉으로는 드러내지 않지만 걱정이 하나 있다. 그리고 하빈이 인생에서 가장 힘들었던 때는 코로나19가 심했을 때였다.

김인영 선생님

'편견과 차별, 혐오? 내 교실에선 절대 안 돼!'
반 아이들이 모두 공동체 안에서 누구도 차별하지도, 차별받지도 않길 소원한다. 하지만 자신에게도 편견과 고정 관념이 있었음을 발견한다.

★ 차례 ★

추천사 ★ 4
등장인물 ★ 6

혐오란 무엇일까요?

교실 속 이야기
① 많이 쓰는 말인데 ★ 16
② '이상한 애', '틀린 애' ★ 23

1 혐오의 뜻 ★ 28
2 편견·고정 관념 → 차별 → 혐오 ★ 31
3 혐오와 차별의 화살이 향하는 곳 ★ 35

선생님, 질문 있어요! ★ 38
간단한 활동 ★ 41

2장
일상에서 만나는 혐오와 차별

교실 속 이야기

❸ **그저 외모가 다를 뿐인데** ★ 44
❹ **우리 집은 비정상** ★ 52

1 외모에 대한 편견과 차별 ★ 59
2 '노 키즈 존'에 숨어 있는 차별 요소 ★ 65
3 가정 형편을 둘러싼 잘못된 시선 ★ 69
4 일상에 숨은 혐오와 차별의 씨앗 ★ 74

선생님, 질문 있어요! ★ 78
간단한 활동 ★ 80

 3장
확장하는 혐오와 차별

교실 속 이야기

❺ 노인들은 제발 가만히 계세요 ★ 82
❻ 그런 민족은 사라져야 해! ★ 89

1 '키오스크'에 숨은 차별 요소 ★ 95
2 나이 든 사람을 향한 혐오 ★ 100
3 인종·민족을 향한 혐오 ★ 103
4 우리 안의 인종 차별 ★ 108
5 종교에 대한 혐오와 차별 ★ 112

선생님, 질문 있어요! ★ 115
간단한 활동 ★ 118

혐오와 차별에 대응하는 우리의 자세

교실 속 이야기

❼ 혐오에는 혐오로? ★ 120

❽ 그런 말을 해서 미안해 ★ 126

1 '먼지 차별'과 혐오 ★ 136
2 혐오와 차별에는 혐오와 차별로? ★ 140
3 혐오와 차별에 대항하는 활동 ★ 144

선생님, 질문 있어요! ★ 148

작가의 말 ★ 150

많이 쓰는 말인데

 준수의 등굣길은 오늘도 피곤하다. 몸이 천근만근, 눈을 크게 떠 보려 해도 눈꺼풀이 자꾸 내려온다. 지난밤 잠을 제대로 못 잔 탓이다.

 요즘 준수가 푹 빠져 지내는 건 다름 아닌 유튜브. 밤 11시, 엄마와 아빠는 준수가 잠든 줄 알지만, 실은 이불을 머리끝까지 덮어쓰고 몰래 스마트폰을 들여다보는 게 준수의 일상이다. 준수는 이제 인기 크리에이터 '쎈캐'가 올리는 동영상을 안 보면 잠이 안 온다. 채널 이름은 '쎈캐의 이말저말'.

배우들이 일상에서 일어나는 여러 가지 일을 상황극으로 연기하면, 쎈캐가 그것에 대해 평을 하는 채널이다. "어휴, 저 잼민이들!", "개극혐!" 쎈캐가 이런 반응을 보이면 사람들은 댓글로 환호했다. 준수도 신이 나서 채팅 창에 하트를 띄운 적이 몇 번 있었다.

쉬는 시간을 알리는 종소리가 이렇게 반가울 줄이야. 졸음이 밀려오는 걸 가까스로 참으며 1교시를 겨우 마쳤다. 그런데 막상 쉬는 시간이 시작되자 거짓말처럼 졸음이 싹 가셨다. 교실에 활기가 돌았다.

"4학년 3반! 선생님이 잠깐 교무실에 다녀올 거예요. 그동안 여러분은 어떻게 하고 있어야 하죠?"

"화장실 다녀오기, 자유롭게 쉬면서 친구와 놀되 싸우지 않기, 심한 몸 장난치지 않기 등 규칙을 지키면서 쉬면 됩니다."

선생님의 말에 3반 모범생 선주가 똑 부러지게 대답했다. 선생님 얼굴에 미소가 번졌다.

"선주뿐 아니라 모두 규칙을 잘 알고 있을 거라 믿어요.

여러분 믿고 잠깐 다녀와도 되겠죠?"

"네!"

아이들 목소리가 하나로 모아졌다. 준수는 '이때다!' 하는 마음으로 가방에서 스마트폰을 꺼냈다. 쎈캐의 동영상을 한 번 더 볼 수 있는 절호의 기회. 그런데 전원을 켜려는 순간, 앞에 누군가가 서 있었다. 이선주였다.

"너 우리 모둠 활동 어떻게 할 거야? 이번에도 제대로 참여 안 하고 대충 묻어갈 생각이야?"

"뭐래?"

"선생님이 그러셨어. 모둠 활동은 한 명도 빠짐없이 다 참여해야 한다고. 그러니까 너도 이번에는 제대로 참여했으면 좋겠어."

이때 선주의 시선이 준수의 손으로 향했다.

"그리고 수업 끝날 때까지는 스마트폰 꺼내면 안 되는 거 몰라? 교칙이잖아."

둘 사이에 미묘한 신경전이 시작되자, 친구들 몇 명이 준수와 선주를 에워쌌다.

"헐, 어쩌라고!"

준수는 어깨를 으쓱하며 입을 비쭉거렸다. 선주의 얼굴이 점점 일그러졌다.

"너 뭐야!"

"꼬와? 이선주 너 말투 진짜 짜증 나거든. 진지충!"

쎈캐 채널에서 들었던 표현이 자기도 모르게 준수 입에서 툭 튀어나왔다. 마치 자신이 어른인 것처럼 지적하려 드는

선주가 거슬려서 뱉은 말이었다.

　모범생, 야무진 아이, 어른스러운 면이 있는 친구. 선주 이름 앞엔 이런 소개말이 붙었다. 보통 전학 온 애들은 교실 분위기를 파악하느라 조용히 지내곤 했다. 하지만 선주는 달랐다. 할 말이 있으면 똑 부러지게 했고, 친구들 사이에서 다툼이 일어나면 먼저 나서서 갈등을 해결하려고 애썼다. 애들과도 금방 친해졌다.

준수는 그런 선주가 왠지 싫었다. 자기가 선생님도 아니고……. 아주 잘났다, 잘났어. 언젠가 기회가 되면 선주에게 한마디 쏘아붙이고 싶었다. 그날이 오늘이었다. 솔직히 친구들도 비슷한 마음일 거라고 생각했다.

"아, 짜증 나. 개극혐. 꺼져!"

처음이 어렵지, 한번 내뱉은 말을 또 하는 건 쉬웠다. 순간 교실 분위기가 급속도로 얼어붙는 것이 느껴졌다. 준수는 평소 좋아하던 규연이의 표정을 먼저 살폈다. 규연이는 인상을 잔뜩 찌푸리고 있었다. 하빈이는 혀를 끌끌 차며 고개를 절레절레 흔들었다. '신조어 전파자'라며 준수를 치켜세워 주던 애들도 굳은 표정으로 자리로 돌아갔다. 준수는 돌로 머리를 쿵 맞은 기분이었다.

"야! 선주 울잖아."

하빈이가 선주를 끌어안았다. 찔러도 피 한 방울 안 나올 것 같던 이선주가 운다고? 준수는 어리둥절했다. '진지충', '개극혐'이 그렇게 문제가 되는 말인가?

'이상한 애', '틀린 애'

"최한결! 엄마 설거지할 동안 과일 먹고 있으라고 했잖아. 그런데 이게 뭔 일이니?"

거실 풍경을 보며 엄마가 한숨을 내쉬었다. 과일 접시, 건담 플라모델, 보드게임 카드가 널브러져 있었다. 방에서 자동차 피규어를 들고 나오던 한결이는 엄마의 꾸중에 서러움이 밀려왔다. 눈물이 핑 돌았다.

한결이는 밥을 먹다가도 갑자기 책을 꺼내 들었고, 책을 좀 읽나 싶다가도 어느새 자동차 피규어를 만지작거렸다.

그러다 거실에서 텔레비전 소리가 나면 그 앞으로 쪼르르 달려갔다. 엄마나 아빠 얘기를 끝까지 듣지 않고 자기 할 말만 하려 해서 혼난 적도 몇 번 있었다.

엄마는 평소처럼 잔소리를 하려다 한결이가 반복적으로 눈을 깜빡거린다는 걸 알아차렸다.

병원에서는 한결이가 틱 장애와 가벼운 ADHD 증상이 있다고 했다. 한결이 부모님은 걱정스러운 마음에 담임인 김인영 선생님과도 면담을 했다.

"학교에서는 제가 더 신경 써서 살피겠습니다. 너무 걱정하지 마세요."

하지만 얼마 뒤 사건이 터졌다.

4교시 사회 시간, 아이들이 각자 '닮고 싶은 역사 속 인물'을 발표하는 날이었다. 한결이는 닮고 싶은 인물로 독립운동가 김구 선생님을 뽑았다. 아빠와 함께 동네 도서관에서 김구 선생님 관련 책을 찾아보며 자료 조사도 열심히 했다.

드디어 한결이 차례가 왔다.

"제가 닮고 싶은 인물은 김구 선생님입니다."

한결이의 왼쪽 눈이 심하게 깜빡거렸다. 병원에선 긴장하거나 스트레스를 받았을 때 눈을 깜빡이는 증상이 심해질 수 있다고 했다. 그럼에도 한결이는 천천히 발표를 이어 갔다.

"김구는 독립운동가인데 일본이 우리나라를 침략했어요. 김구의 호는 백범이라고 하고, 그때 활동했어요. 임시 정부인가? 저 무슨 박물관도 가 봤는데 엄청 넓었어요. 가족들하고 같이 갔다가 놀이공원도 들렀어요. 도서관에서 책을 빌렸었고……."

발표는 길어지다 못해 산으로 가고 있었다. 그때 누군가 큰 소리로 대놓고 외쳤다.

"응, 한결이. 그만 말해."

누군가 장난 섞인 어투로 빈정거리자 교실이 술렁거렸다. 다른 누구는 입을 쫙 벌려 하품하는 듯한 시늉을 하면서 기지개를 켰다. 선생님이 한결이에게 잠시 멈추라는 의미로 수신호를 보냈다. 선생님은 굳은 표정으로 반 아이들을 바라봤다.

"3반! 한결이가 열심히 준비한 내용을 발표하고 있죠? 그런데 왜 이렇게 소란스럽죠? 다른 친구의 발표를 잘 듣는 것도 공부입니다, 공부!"

점심시간, 아이들은 급식실로 향하는 한결이를 보며 수군거렸다.

근데 쟤, 왜 눈을 만날 깜빡거려? 병신 같아.

"그러게. 발표도 엄청나게 길더라. 지루해 죽는 줄."

"나는 뭔 소리인지 하나도 모르겠던데. 자기만 놀이공원 가 봤어? 잘난 척 오지네."

또 다른 애가 끼어들었다.

"야, 야. 말조심해! 쟤 우리랑 틀려. 특별 대우받잖아. 선생님이 감싸 주는 거 못 봤냐?"

"헐, 개소름. 어쩐지 이상하더라."

한결이는 차마 돌아보지 못했다. 등이 서늘해졌다. 자기도 모르게 몸이 움츠러들었다.

한결이는 고민하다가 선생님을 찾아가 울먹였다.

"선생님, 애들이 저보고 병신이래요."

"누가 그런 소리를 해! 그렇다고 울면 안 되지. 남자가 울면 쓰나! 뚝!"

선생님이 한결이의 등을 쓰다듬어 주었다. 한결이는 참았던 눈물이 왈칵 쏟아졌다.

01
혐오의 뜻

 4학년 3반 준수와 한결이의 사연, 잘 만나 봤나요?
 자! 준수의 마음을 먼저 들여다볼까요? 준수는 바른말을 잘하고, 똑 부러지고, 어른스러운 면이 있는 선주를 싫어합니다. 준수에게 선주는 '마음에 들지 않는' 친구죠.
 우리는 일상에서 '싫다'라는 표현을 많이 써요. "시금치 싫어.", "책 읽는 거 싫어.", "그 노래 싫어.", "공부하기 싫어." 등 '싫다'라는 말에는 그 말을 하는 이의 취향이 반영되어 있죠. 시금치를, 책을, 어떤 노래나 가수를, 공부를 싫어하는 사람이 있다면, 좋아하는 사람도 있을 수 있겠네요?
 준수는 선주가 자신의 마음에 들지 않음을 극도로 혐오한다는 '극혐'이라고 표현했어요. 혐오는 내 취향과 달라 좋아하지 않는 마음과는 다른 감정입니다. 어떤 대상이 싫은 걸 넘어 그 대상을 엄청나게 미워하는 마음을 포함하고 있죠. 그런데 '혐오'에 '더 나갈 데가 없을 정도로'라는 뜻의 한자 '극(極)'이 붙어 있어요. 쉽게 말해 '극혐'은 '싫은 걸 넘어서 네가 너무 미워! 너무 미워서 너를 없애 버리고 싶어!' 이 정도의 감정일 때 쓸 수 있는 표현입니다.

준수 입장에선 자신의 잘못된 행동을 지적하는 선주가 불편했을 겁니다. 사실 선주의 말이 틀린 데 하나 없으므로 자존심이 상했을 수도 있고요. 그렇다고 '불편해', '자존심 상해' 이 정도의 감정을 혐오라고 표현해선 안 되겠죠.

준수가 선주에게 던진 말 중 '진지충'이라는 표현도 문제가 있어요. 진지충은 매사 진지한 태도로 임하는 사람을 조롱할 때 쓰는 말이죠. 한자 '벌레 충(蟲)' 자를 써서 사람을 깔보고, 상대의 기분을 상하게 하려는 의도가 보여요. 선주가 준수 취향에 안 맞는 친구일 수는 있지만, 그렇다고 벌레에 빗대어 선주를 모욕하는 건 일종의 폭력입니다.

　'극혐', '○○충'에 이런 의미가 있다는 것까진 생각 못 했다고요? 그럴 수 있어요. 온라인에서 탄생한 이 표현들은 어느새 사람들 사이에서 아주 흔히 쓰이고 있으니까요. 준수도 유튜브를 통해 이런 표현들을 접했고, 현실(교실)에서까지 쓰게 됐죠. 문제는 우리가 분별없이 이런 표현을 사용하는 데 있어요. 온라인에서 많은 이가 쓴다고 해서 무조건 써도 될까요? 온라인 사회를 두고 흔히 '익명이 보장된 사회'라고 하지요. 자신의 이름과 얼굴을 숨긴 채 말하고, 행동할 수 있다는 의미입니다. 하지만 자신이 드러나지 않는다는 점을 이용하여 좋지 않은 말을 함부로 써서는 안 됩니다.

02
편견 · 고정 관념
→ **차별** → **혐오**

 한결이는 틱 장애와 가벼운 ADHD 증상이 있습니다. 한결이가 눈을 반복적으로 깜빡이고, 말을 산만하게 하는 것도 이런 이유에서죠. 친구들은 그런 한결이를 '병신', '이상한 애', '우리랑 틀린 애'라고 말합니다.

 '이상하다'는 '정상적이지 않다'는 뜻이에요. 그런데 장애가 없으면 '정상'이고, 장애가 있으면 '비정상'이라고 해도 될까요? 그래도 된다면, 몸이나 마음 어딘가가 조금이라도 불편한 이들은 모두 비정상이라고 해야겠죠. 다리를 다쳐 휠체어를 타고 다니는 어린이는 '비정상 어린이', 관절이 약해서 천천히 걷는 노인은 '비정상 노인'. 하지만 이렇게 말하는 이는 없습니다.

우린 시험에서 답을 맞히지 못했을 때, 맞춤법 실수를 했을 때 틀렸다고 말합니다. 하지만 '사람'을 놓고 틀렸다고 말하진 않아요. 세상에 '틀린 사람'은 없거든요. 한결이는 친구들과 조금 '다를' 뿐이죠.

한결이를 향한 친구들의 시선에는 "장애인은 이상한 사람이야."라는 '편견'이 보입니다. 편견은 공정하지 못하고 한쪽으로 치우친 의견을 뜻하죠. "여자아이들은 축구를 못할 거야.", "그 종교를 믿는 사람들은 어딘가 무서워.", "시골 사람들은 다 촌스러워." 같은 편견 때문에 '차별'이 일어나기도 해요. 어떤 기준을 두어 대상을 구별하고 다르게 대우하는 일이 일어날 수 있다는 것이죠.

예를 들어 볼게요.

"장애인들은 정상이 아니니까 갑자기 위협적인 행동을 할지도 몰라. 한동네에 살았다가는 등하굣길에 애들이 다칠 수도 있어."

이런 편견을 가진 이들이 있다면, 이들이 사는 사회에선 다음과 같은 차별적인 상황이 일어날 가능성도 큽니다.

"그러니까 우리 동네에 특수 학교가 들어서는 건 반대야!"

더 무서운 사실! 편견에서 비롯된 차별이 혐오로까지 번질 수 있다는 거예요. 이렇게 말이죠.

"시선 피하면서 눈동자 계속 굴리는 거 봤어? 무섭고 징그러워. 극혐이야."

혐오
시선 피하면서 눈동자
계속 굴리는거 봤어?
무섭고 징그러워. 극혐이야.

차별
우리 동네에 특수 학교가
들어서는 건 반대야!

편견
장애인들은 정상이 아니니까
갑자기 위협적인 행동을 할지도 몰라.
한동네에 살았다가는 등하굣길에 애들이 다칠 수도 있어.

한결이의 사연을 통해 '고정 관념'에 대해 이야기를 나눠 볼 수도 있습니다. 한결이가 선생님을 찾아가서 울먹였을 때 선생님이 했던 말을 떠올려 보세요.

　"남자가 울면 쓰나!"

　선생님 입장에선 한결이가 안쓰러워 한 말일 수 있겠지만, 여기서 '남자가'라는 표현을 쓰는 게 적절할까요? 그렇지 않죠. 성별과 관계없이 누구나 울 수 있잖아요.

　특정 집단에 대해 사람들이 지나치게 당연하다고 여기는 생각을 바로 '고정 관념'이라고 합니다. 그중 '남자가……' 또는 '여자가……'라고 성별에 따라 그에 맞는 행동이나 역할이 있다고 생각하는 것을 '성 역할 고정 관념'이라고 부릅니다. "남자는 울면 안 돼!", "여자는 얌전해야지!" 이런 고정 관념 때문에 차별이 일어나기도 합니다. "여자는 얌전히 집안일이나 하면 되지. 공부는 무슨 공부야!" 과거에는 성 역할 고정 관념에 따라 이렇게 말하는 사람들도 있었어요. 그런 탓에 공부할 권리를 빼앗긴 여성들도 많았죠.

03
혐오와 **차별**의 화살이 향하는 곳

이번에는 선주와 한결이의 마음으로 들어가 볼까요?

두 친구는 아마도 '친구가 나를 업신여기고, 얕잡아 보는구나.' 이렇게 생각했을 겁니다. 이럴 때 느끼는 감정을 '모멸감'이라고 해요. 모멸감은 "넌 사람도 아니야!"라는 소리를 들었을 때 우리 마음에 퍼지는 감정이라고 할 수 있어요. 어떤 이들은 다른 사람에게 모멸감을 느끼게 하는 행동을 사람에게 가할 수 있는 가장 무서운 폭력이라고 말합니다.

3반 교실에서는 바른말을 똑 부러지게 했던 선주와 장애가 있는 한결이가 혐오와 차별의 화살을 맞았어요. 그렇다면 사회에선 누가 그 대상이 될까요?

사회에선 대다수의 사람과 성향이나 겉모습이 다르거나 상대적으로 가난하고 힘이 약한 사람들이 혐오와 차별의 대상이 되곤 합니다. 이들을 '사회적 약자'라고 해요. 보통 어린이, 청소년, 여성, 노인, 장애인, 성소수자, 이주 노동자, 새터민 등이 사회적 약자로 불립니다.

수가 적으면 무조건 사회적 약자일까요? 그건 아닙니다. 예를 들어, 사회 전체에서 여성은 그 수가 적지 않지만 사회적 약자로 불려요. 왜 그럴까요? 여성이 정치, 경제, 가정 등

다양한 분야에서 차별받는 경우가 많았기 때문이에요.

"저는 사회적 약자가 될 일이 절대 없습니다!"

과연 그럴까요? 어떤 집단에 속하느냐에 따라 누구나 사회적 약자가 될 수 있어요. 예를 들어, 우리나라에 온 이주 노동자는 자신의 나라로 돌아가면 사회적 약자가 아니에요. 반면 여러분은 우리나라에 있을 때는 사회적 약자가 아닐 수 있지만, 외국에 가면 사회적 약자가 될 수 있지요.

❶ '혐오'라는 감정은 나쁜 건가요?

혐오라는 감정 자체가 무조건 나쁜 건 아닙니다. 이 감정이야말로 사람이 살아가는 데 꼭 필요하다고 말하는 학자들도 있어요. 여러분 앞에 바퀴벌레 한 마리가 지나가고 있다고 상상해 보세요. "으악!" 아마 대다수가 소리를 지르며 피하거나 바퀴벌레를 죽이려고 약을 집어 들 겁니다. 바퀴벌레를 보고 혐오하는 마음이 들었기 때문일 텐데요, 이처럼 흉측한 것이 다가왔을 때 혐오하는 마음이 생기지 않는다면 우리는 그걸 피하지 못할 겁니다. 문제는 사람들이 자신이 느낀 부정적인 감정을 무조건 '혐오'라고 여기고, 표현한다는 겁니다. 혹시 '싫어', '짜증 나', '불편해' 등의 감정을 '극혐'이라고 표현한 건 아닌지 잘 생각해 보세요. 내가 쓴 표현에 내 감정과 생각이 정확히 담겼나를 확인해 보는 게 중요해요.

❷ '병신'이라는 표현은 일상에서도 많이 쓰던데요?

'병신'은 국어사전에도 수록되어 있고, 일상에서 쓰는 사람들도 있습니다. 하지만 그 말뜻을 제대로 알았으면 좋겠어요.
이 말은 신체의 어느 부분이 그 기능을 잃어버리거나 기능에 제약이 있는 상태 또는 그런 사람을 낮잡아 이르는 말이에요. 여기서 '낮잡아'라는 말은 '사람을 만만히 여기고 함부로 낮추어 대하

다.'라는 의미죠. 즉, 병신은 장애인을 비하하는 표현이라고 할 수 있어요.

국어사전에 있다고 해서, 친구들이 재미로 쓴다고 해서 정확한 뜻도 모르고 상대를 비하하는 표현을 써서는 안 되겠죠?

간단한 활동

'극혐', '진지충'이라는 표현의 의미를 제대로 알게 된 여러분! 여러분이 준수라면 선주의 질문에 어떻게 대답하고, 행동할 것 같나요? 잘 생각해 보고, 말풍선에 적어 보세요.

너 우리 모둠 활동 어떻게 할 거야? 이번에도 제대로 참여 안 하고 대충 묻어갈 생각이야?

2장

일상에서 만나는 혐오와 차별

그저 외모가 다를 뿐인데

 세면대 거울에 비친 규연이의 표정이 영 별로다. 어제보다 얼굴이 커진 느낌이다. 후유. 규연이 입에서 깊은 한숨이 새어 나왔다.
 "어? 얼굴이 왜 그렇게 달덩이야?"
 수건을 머리에 두르고 욕실에서 나온 규연이를 보며 엄마가 말했다. 규연이는 고개를 푹 숙이고 수건으로 머리를 툭툭 말렸다.
 "어휴, 그러니까 밤에 뭐 먹지 말라고 했잖아."

"몰라."

"모르긴 뭘 몰라! 관리를 하면 되지, 언니처럼. 언니는 관리 잘만 하던데 너는 왜 그래?"

언. 니. 처. 럼. 이 말이 규연이의 가슴에 콕 박혔다. 귀가 아프도록 듣지만 들을 때마다 마음이 아프다.

규연이에겐 두 살 터울의 언니가 있다. 이름은 규리. 언니는 '귤희'라는 이름으로 활동하는 아이돌 연습생이다. 아직 연습생이지만 벌써부터 팬이 꽤 많다. 엄마는 작년부터 언니가 노래하고 춤추는 영상을 인스타그램에 올리고 있다. 며칠 전에 올린 댄스 영상은 하트만 3만 개가 넘게 찍혔다.

작은 얼굴에 새하얀 피부, 크고 또렷한 눈매, 오뚝한 콧날, 길쭉길쭉한 팔과 다리. 사람들은 언니를 보며 감탄한다.

"천생 연예인이네, 연예인!"

언니는 공부도 잘해서 국제 중학교에 진학할지 아니면 홈스쿨링을 할지 고민 중이다. 엄마는 '이런 고민도 자랑거리'라며 인스타그램에 사연을 올렸다. 규리와 규연이가 자매라는 것을 아는 이들은 이렇게 말한다.

"언니랑 동생이 어쩜 저렇게 달라?"

"세상에! 쟤가 규리 동생이라고?"

규연이도 솔직히 틀린 말은 아니라고 생각한다. 언니에 비하면 자신은 평범하다. 아니, 평범하다 못해 못난 것 같다. 까무잡잡한 피부, 작은 키에 짧은 팔다리, 저학년 때까지는 살집이 없었는데 최근 들어서는 조금만 먹어도 토실토실 살이 오른다. 규연이가 머리 말리던 수건으로 얼굴을 가리고 방으로 향하려던 찰나 엄마가 한마디 했다.

"얼굴은 왜 가리고 다녀? 그러고 걷다 다치겠다."

"보기 싫으니까."

"시끄럽고! 오늘 언니 필라테스 끝나자마자 발성 레슨 픽업 가야 해. 너 오늘 학원 없는 날이지?"

"응."

"우리 둘째 오늘 오후는 혼자 있어야겠네. 미안해. 집에 있지 말고 이거 갖고 친구들이랑 뭐라도 사 먹고 놀아. 아니면 너 좋아하는 그림 그리고 있거나."

엄마가 규연이 손에 카드를 쥐여 주며 말했다.

"알았어."

"아파트 근처에 카페 새로 생겼더라. 가서 샐러드 먹어. 너도 관리하면 너희 언니, 아니 걸그룹처럼 예뻐질 수 있어. 텔레비전이며 유튜브에 나오는 성공한 사람들 봐. 다 예쁘고 잘생겼잖아. 요즘은 공부도 잘해야 하지만, 외모도 예뻐야 사람 취급받아. 우리 딸, 만화 그릴 열정 있으면 몸매 관리도 좀 합시다. 엄마 말 무슨 뜻인지 알지?"

"……."

수업이 끝나자 규연이는 선주와 하빈이를 붙잡았다.

"애들아, 나랑 카페 갈래? 엄마가 오늘 늦는다고 카페 가 있으래. 카드 주셨어."

"미, 미안해. 나 오늘은 집에 가서 쉴래."

선주가 고개를 푹 숙이며 기운 없는 목소리로 말했다. 규연이는 아차 싶었다. 아까 준수와 다툰 일 때문에 선주 기분이 영 별로라는 걸 이제야 알아차렸다. 하빈이도 눈치를 챈 분위기였다.

"나도 오늘은 안 될 것 같아. 엄마 심부름 가야 해서……."

"그래그래. 다음에 가자."

그렇게 규연이는 혼자 카페로 향했다. 조용히 만화나 그릴 생각이었다.

카페가 있는 아파트 단지 뒤쪽 골목으로 들어서는데 남자애 한 명, 여자애 한 명이 반대쪽에서 규연이를 위아래로 훑어보며 지나갔다. 그 순간, 둘이 하는 얘기가 들려왔다.

"걔 아냐? 귤희 동생."

"맞아. 이 단지 산다고 들은 것 같아. 근데 흑인이냐?"

"목도 엄청 짧아. 언니는 예쁘고 늘씬한데 쟤는 꼭 살찐 펭귄 같네."

"저 정도면 유전자 검사라도 해야 하는 거 아니냐? 자매인데 하나는 존예, 하나는 존못. 뭐냐?"

순간 규연이의 두 눈에 눈물이 핑 돌았다. 조금 전까지만 해도 잘 보였던 카페 간판이 흐릿하게 보였다. 감기에 걸린 것처럼 등에 오한이 느껴졌다. 다리도 얼어붙었다.

'한두 번 들은 얘기도 아니고 너무 속상해할 필요 없어.'

속으로 되뇌며 한 발짝 한 발짝 걸음을 옮겨 카페에 들어섰다. 그런데 그때 누군가 규연이에게 다급히 말했다.

"꼬마야! 너 여기 들어오면 안 돼. 우리 매장 어린이 출입 금지거든."

규연이는 당황한 나머지 뒷걸음질을 쳤다. 그 순간 규연이의 팔이 지나가던 손님의 몸에 살짝 닿았다. 손님이 규연이를 보며 말했다.

"어? 여기 어린이는 출입 못 하던데……."

"네, 고객님. 노 키즈 존 맞아요. 꼬마가 모르고 들어온 거예요. 그래서 나가 달라고 하던 차였습니다."

사장님은 어쩔 줄 몰라 하며 손님에게 고개를 숙였다.

규연이는 잔뜩 민망해져 카페 밖으로 나왔다. 생각해 보면 규연이는 아무것도 잘못한 게 없었다. 그저 외모가 언니와 다를 뿐이었고, 카페에 있는 다른 손님들보다 나이가 어릴 뿐이었다. 갑자기 설움이 복받쳤다.

우리 집은 비정상

"얘들아, 나랑 카페 갈래? 엄마가 오늘 늦는다고 카페 가 있으래. 카드 주셨어."

선주는 규연이가 했던 말이 계속 마음에 맴돌았다. 준수 때문에 속이 상해 안 가겠다고 했는데, 솔직히 가 보고 싶긴 했다. 새로 생긴 카페 말이다. 그리고 선주도 엄마한테 카드를 달라고 하고 싶었다.

하지만 엄마가 매달 나오는 카드값에 얼마나 스트레스를 받는지 선주는 누구보다 잘 알고 있었다. 집 형편이 그리 넉

넉하지 않다는 것도 말이다.

　선주는 오늘 아주 긴 일기를 써야겠다고 생각했다. 어떤 일이 있어도 울지 않겠다는 약속을 어긴, 창피한 날이니까.

　진지충? 전학 오기 전 학교에선 더한 말도 들었다. 남이 뭐라고 하든 어떻게든 이 악물고 버텨야 했다. 선주는 자기도 모르게 눈물을 쏟은 자신이 싫었다. 미웠다.

친구들과 아빠 얘기를 할 때마다 선주는 거짓말을 했다.

선주 아빠는 프랑스에도, 한국에도, 그 어디에도 없다. 정확히 말하면 어디에 있는지 선주도 모른다.

"아빠? 음…… 우리 선주가 세 살 됐을 때 하늘나라로 가

셨어. 사고였어. 아빠가 선주 참 사랑하셨는데."

"그럼 아빠 사진 없어? 아빠 얼굴 보고 싶은데."

"아, 아빠 사진? 그, 그게…… 엄마가 스마트폰 바꾸면서 사진을 다 날려 버렸지 뭐야. 엄마 참 바보 같지?"

"그럼 종이로 된 사진도 없어?"

"종이로 된 사진? 그것도 엄마가 이사하면서 잃어버렸지 뭐야. 미안해, 선주야. 엄마가 진짜 미안해."

선주도 엄마 말이 사실인 줄 알았다. 3학년 여름 방학 때 그 사건이 있기까진.

"저 아이 엄마 좀 딱하더라."

"왜요, 어르신?"

"미혼모라고 하더라고. 아빠 없이 쟤 낳고 기른 거래."

집 근처 공원에서 한 할머니와 아주머니가 선주 뒤통수에 대고 이런 말을 하는 게 들렸다. 선주는 충격을 받았다. 소문은 삽시간에 퍼졌다.

"우리 엄마가 그러는데 선주네 엄마, 미혼모래."

"근데 미혼모가 뭐야?"

개학 후 아이들은 학교 화장실에서 선주 몰래 수군거렸고, 친했던 친구들은 선주를 점점 멀리하고 따돌리기 시작했다. 선주는 어느새 왕따가 되어 있었다.

"그 부모에 그 자식이라잖아. 엄마 행실이 그 모양인데 딸이라고 다르겠어?"

늘 똑 부러진다는 칭찬을 받았던 선주는 가정사가 알려진 이후로 '보통이 아닌 애'가 되었다. 그렇게 몇 달을 버티다 이사 온 곳이 바로 여기였다. 전학을 오면서 선주는 마음을 단단히 먹었다. 거짓말을 하기로. 솔직히 다 말했다가는 이전 학교에서처럼 왕따를 당하고 내쳐질까 봐 무서웠다.

그런데 며칠 전, 하빈이, 규연이와 수다를 떨면서 이 친구들과도 헤어질 날이 머지않았다는 생각이 들었다. 요즘 친구들 사이에선 여름 방학 여행 얘기가 한창이었다.

"나 여름에 같이 못 놀아. 언니 어학연수 때문에 길게 미국 간대. 진짜 가기 싫어."

규연이가 한숨을 푹 내쉬며 말했다.

"정말? 미국 진짜 부럽다! 난 이번에도 중국 아니면 일본이겠지, 뭐."

하빈이의 말에 규연이가 다시 말했다.

"뭐가 부러워. 언니 시중들러 따라가는 건데. 우리 집은 모든 게 언니 위주야."

"그럼 가기 싫다고 해."

선주 입에서 불쑥 이 말이 튀어나왔다.

"그 말 했다가 엄마한테 엄청 혼났어. 아빠가 따로 불러서 그러시더라. 해외여행 못 가는 집들 생각하면 감사하게 생각해야 한다고. 애들 비행기 한번 못 태워 주는 이상한 가정도 많다고. 아빠 말 들으니까 엄마한테 미안하더라. 근데 선주 너는 방학 때 아빠 만나러 프랑스 가는 거야?"

"어? 어. 아, 아마도?"

이번에도 선주는 또 거짓말을 해 버렸다.

"와! 정말? 미국도 부러운데 프랑스는 더 부럽다. 에펠 탑도 보는 거야?"

"넌 비교당할 언니도 없고 에펠 탑도 보고 너무 좋겠다."

비행기 한번 타 보는 게 소원인 선주는 규연이와 하빈이가 진심으로 부러웠다. 해외여행 못 간다고 이상한 가정 어쩌고 한 규연이네 아빠의 말이 이해가 안 되기도 했다. 한편으로는 거짓말이 점점 불어나는 것 같아 불안했다. 이 친구들과도 이제 곧 헤어지게 되는 걸까? 그런 생각을 하니 깊은 한숨이 나왔다.

01
외모에 대한 편견과 차별

속상한 일들만 잔뜩 일어난 규연이의 '슬픈 하루'. 만약 규연이가 옆에 있다면 등을 토닥이며 말해 주고 싶네요.

"규연아! 네가 얼마나 빛나는지 너는 모르지? 못난 애 전혀 아니야."

혹시 규연이의 사연에 "저도 비교당한 적 있어요." 하고 공감하는 이들도 있을까요? 맞아요. 규연이는 집에서 언니와 '비교'를 당하고 있어요.

'비교'는 '둘 이상의 사물을 견주어 보는 것'을 뜻해요. 예를 들어, 과일 가게에서 사과를 살 때 우리는 비슷한 사과들 중 이 사과, 저 사과를 살펴보며 더 나은 것을 고르죠. 이때

"음, 이 사과는 저 사과랑 비교할 때 흠이 좀 많네. 크기도 작잖아." 이런 식으로 비교하는 말을 합니다.

그런데 사물이 아닌 사람을 두고 함부로 비교하는 건 적절치 않아요. 그 대상이 사물이라면, 같거나 비슷한 종류들 중에서 일정한 기준을 정해 두고 그것들을 견줘 볼 수 있지만, 사람은 그렇게 쉽게 비교할 수 있는 존재가 아닙니다. 같은 나이, 같은 성별이어도 "음, 얘는 쟤보다 더 예쁘고 나은 아이군!" 이렇게 단순히 비교할 근거는 없죠. 사람마다 생김새, 성격, 재능 등이 각기 다 다르니까요. '아름답다', '낫다'의 기준도 사람마다 다를 수 있습니다.

그런데 규연이네 엄마는 마치 사과를 고를 때처럼 어떤 기준을 정해 두고 사람을 판단합니다. 규연이네 엄마의 말을 잘 들여다보면 언니를 중심에 두고 규연이를 평가하는 표현들이 보입니다. "관리를 하면 되지, 언니처럼. 언니는 관리 잘만 하던데 너는 왜 그래?", "너도 관리하면 너희 언니, 아니 걸그룹처럼 예뻐질 수 있어." 엄마의 머릿속엔 규리 언니처럼 티끌 하나 없이 하얀 피부와 날씬한 몸매를 소유해야 아름답다는 생각이 자리하고 있는 것 같아요. 아름다움에 대한 기준은 사람마다 다를 수 있지만, 규연이를 언니와 대놓고 비교하는 말은 하지 말아야 해요.

비교는 차별과 참 가까운 사이예요. 비교를 하다 보면 더 낫다고 생각되는 것은 높이고, 그렇지 않다고 생각되는 것은 낮추게 되면서 '차별'이 생기게 마련이죠. 규연이네 엄마가 규연이의 외모나 관심 분야에 대해서는 상대적으로 낮춰 보면서 규리 언니에 대해서는 대단하게 여기는 것도 차별적인 태도예요.

그렇다고 엄마가 규연이를 사랑하지 않는 건 아닐 거예요. 엄마 기준에서는 규연이가 잘되었으면 하는 바람에서 한 말들일 텐데, 그렇다면 문제는 뭘까요? 아름다움과 성공에 대한 엄마의 '기준'에 문제가 있어요.

"텔레비전이며 유튜브에 나오는 성공한 사람들 봐. 다 예쁘고 잘생겼잖아. 요즘은 공부도 잘해야 하지만, 외모도 예뻐야 사람 취급받아."

규연이네 엄마는 규리 언니의 영상을 인스타그램에 올려 팬층을 확보할 정도로 영상 미디어를 잘 활용하죠. 그런데 영상 미디어에서 중요하게 생각하는, 보이는 것에 지나치게 빠지다 보면 엄마처럼 외적인 아름다움에 집착하게 될 수도 있어요. 이를 두고 '외모 지상주의'라고 해요. "무조건 예쁘면 돼.", "저 정도 생겼으면 학폭 좀 할 수도 있지." 외모 지상주의가 심해지면 이렇게 외모로 사람을 판단해 버리는 일도 일어날 수 있어요.

외모 지상주의에 빠져서 누군가의 외모가 어떤 틀에 맞지 않으면 '아름답지 않다'고 바라보거나 비하하거나 조롱하는 이들도 있어요. "아이돌이 너무 뚱뚱한 거 아냐?", "노래는 참 좋은데⋯⋯ 가면이라도 쓰고 나오면 안 되나." 이런 말을 듣는 가수들도 있죠. 텔레비전부터 시작해 유튜브, 인스타그램 등 이미지와 영상을 바탕으로 하는 미디어가 늘어나면서 외모 지상주의, 외모에 따른 편견이나 차별이 심해졌다고 말하는 이들도 많아요.

안타깝게도 규연이네 엄마의 외모 지상주의는 규연이한테도 영향을 준 것 같아요. 규연이가 수건으로 자기 얼굴을 가리고 "보기 싫으니까."라고 말하는 걸 보세요. 규연이 마음 안에 내가 너무 싫다는 생각이 자리하고 있다는 게 느껴지죠. 게다가 곳곳에서 '살찐 펭귄', '존못' 등 외모 비하 표현을 듣고 있으니, 규연이가 거울 앞에서 우울해하는 게 이해가 가기도 해요.

규연이는 초등학교 4학년, 한창 성장할 때라 살이 오를 수 있어요. 심한 비만이 아니라면 먹고 싶은 걸 적당히 먹으면서 운동을 하고 건강을 챙기는 게 중요한 시기죠. 그리고 규리 언니와 달리 팔다리가 짧고 살집이 있다고 규연이를 못났다고 할 수 있을까요? 규연이네 교실에는 규연이를 남몰래 좋아하는 친구도 있는걸요. (누구인지는 1장에 나온답니다.)

참! 사람들이 규리 언니의 하얀 피부색에 대해서는 감탄하지만, 규연이의 까무잡잡한 피부색을 보면서는 "흑인이냐?"라고 무시하듯 말하는 것도 차별이라 할 수 있어요. 피부색이 밝으면 예쁜 사람이고 어두우면 못난 사람이라니, 이렇게 사람의 우열을 가리는 태도가 인종 차별을 낳기도 해요.

일상에서 규연이가 받은 마음의 상처는 평생의 병이 될 수도 있어요. 다른 사람들과 자신의 외모를 끝없이 비교하며 '난 못생겼어. 못났어.'라고 생각하는 병 말이죠.

02
'노 키즈 존'에 숨어 있는 **차별** 요소

집과 학교 주변에서 외모 차별을 받았던 규연이. 카페에서 조용히 혼자 만화를 그릴 수 있을까 싶었지만, 이번에는 대놓고 내쳐지네요. '노 키즈 존'이라는 이유로 말이죠.

노 키즈 존은 어린이의 입장을 제한하는 장소를 뜻하는 말이에요. 몇 년 전, 식당, 카페 등에서 아이들이 시끄럽게 떠들어 다른 손님들을 불편하게 하거나 뛰어다니다가 사고를 당하는 일이 있었어요. 이에 몇몇 매장들이 아이들은 받지 않겠다고 '어린이 출입 금지'를 선언하기 시작했죠.

여러분도 규연이처럼 매장에 갔다가 어린이라는 이유로 나가 달라는 소리를 들어 본 경험이 있나요? 이렇게 어떤 장

소나 상황에 받아들여지지 않고 제외되는 것을 '배제'라고 표현해요. "이번 전교 회의 때 우리 반 의견만 배제됐대." 이는 우리 반 의견만 받아들여지지 않았다는 뜻이에요.

합당한 이유 없이 배제되는 경험을 해 본 이들은 '소외감' 또는 '서러움' 등의 감정을 느꼈다고 말해요. 아무 잘못이 없음에도 카페에서 나와야 했던 규연이 역시 이와 비슷한 기분이었을 겁니다.

노 키즈 존을 운영하는 매장 측에서는 어린이가 있으면 매장이 시끄럽고, 위험한 상황이 발생할 수도 있다고 말해요. 그래서 매장을 찾는 손님들이 싫어할뿐더러 영업에 방해가 된다는 것이죠.

하지만 이 말엔 문제가 있어요. 배제의 대상을 잘못 정했기 때문이죠. 여러분도 식당이나 카페에 가 봐서 알겠지만, 매장에서 시끄럽게 떠들거나 위험한 행동을 하는 사람이 오로지 어린이뿐인가요? 큰 소리로 대화를 해 주변에 피해를 주거나 매장에서 난동을 부리는 등 위험한 행동을 하는 어른들도 많이 있어요. 그러니까 '어린이 출입 금지'는 '공중에티켓을 지키지 않는 사람 출입 금지'로 바꾸는 게 맞겠죠.

실제로 2017년 국가인권위원회는 노 키즈 존이 차별에 해당한다고 말했어요. 당시 제주의 한 이탈리아 식당에서 9세 아이를 동반한 손님이 입장을 거부당한 후 차별 행위를 당했다고 국가인권위원회에 알렸거든요. 그때 국가인권위원회의 발표 내용을 풀어 보면 아래와 같습니다.

"우리나라 헌법 제15조에는 '영업의 자유'가 보장되어 있습니다. 이 내용에 따라 매장을 운영하는 사업자는 영업장소, 시간, 운영 방법 등을 자유롭게 정할 수 있죠. 하지만 특정 사람들을 어떤 공간이나 서비스 이용에서 완전히 배제하려면 합당한 이유가 있어야 합니다. 모든 어린이 또는 어린이와 함께 있는 양육자가 매장 측이나 다른 손님들에게 큰 피해를 주는 건 아닙니다. 그러므로 식당 이용을 못 하게 배제하는 건 일부 몇 개 사례를 일반화한 것으로 '차별'에 해당합니다."

이렇게 말하는 사람도 있겠죠.

"조용히 식사하고 싶은 어른의 자유는요?"

"이건 역차별 아닌가요?"

그런데 누군가의 자유가 또 다른 누군가의 권리를 침해한다면, 그 자유가 반드시 보장되어야 할까요? 게다가 어른과 어린이는 결코 동등한 관계가 아니에요. 앞서 얘기했지만, 어린이는 수나 권력으로나 여러 면에서 봤을 때 사회적 약자에 속해요. 공공장소에서 소란스럽게 행동하는 어른에게는 아무 말도 못 하면서 어린이에게만 '나가 달라'고 배제하는 건 결국 약자를 만만하게 보고 힘을 휘두르는 것과 다름없어요.

03
가정 형편을 둘러싼 잘못된 시선

똑 부러진 선주에게 말 못 할 아픔이 있었다니……. 만약 선주와 비슷한 상황에 놓인 사람이 있다면 이렇게 말해 주고 싶네요.

"울고 싶을 때는 울어도 돼. 이 악물고 버티지 않아도 돼."

선주가 전학 오기 전 학교와 현재 다니고 있는 학교에서 경험한 일들을 보면 가정 형편을 둘러싼 편견과 차별적인 시선이 잘 보입니다. 전학 오기 전 학교에서 선주와 선주 엄마가 경험한 일들을 다시 살펴볼까요?

선주 엄마는 '미혼모'입니다. 미혼모는 결혼하지 않았는데 아이를 낳아 어머니가 된 여성을 뜻하는 말이에요.

'가정'이라고 하면 엄마, 아빠 그리고 그들의 자녀가 있는 모습을 떠올리는 이들이 많을 겁니다.

하지만 세상에는 이런 형태의 가정만 있는 건 아니에요. 선주네처럼 부모 중 한 사람과 자녀로 구성된 한 부모 가족도 있고, 할아버지나 할머니가 손주를 양육하는 조손 가정도 있죠. 이렇게 다양한 가정이 있지만, 아직 우리 사회에선 엄마와 아빠 그들의 자녀로 이루어진 가정이 아니면 이상한 시선으로 보는 사람들이 많아요. 아마도 선주 엄마가 미혼모라는 걸 감추고 살아온 이유도 여기 있을 거예요.

실제로 이 사실이 알려지자, 사람들은 약속이나 한 듯 선주네 엄마와 선주를 따돌렸어요. 선주는 변한 게 없는데 '똑부러지는 애'에서 '보통이 아닌 애' 취급을 받았죠. 이것이야말로 편견에 따른 차별이죠. 그 따돌림으로 얼마나 상처가 깊었는지 선주는 전학 간 학교에서는 가정 환경을 숨겨야겠다고 마음을 먹은 것 같습니다.

하지만 이번에는 경제적으로 넉넉하지 않은 선주에게 규연이의 "해외여행 못 가는 집들 생각하면 감사하게 생각해야 한다고. 애들 비행기 한번 못 태워 주는 이상한 가정도 많다고." 이 말이 칼처럼 마음에 꽂혔어요.

규연이네 아빠가 한 말에도 편견이 숨어 있어요. 여기서 '이상한'은 정상적인 상태와 다르다는 뜻입니다. 비행기를 탈 수 있으면 정상이고 비행기를 못 타면 비정상이라는 기준은 누가 만든 걸까요? 아무도 만든 적이 없죠? 가정마다 여건이 되면 비행기를 타고 해외로 갈 수도 있고 아닐 수도 있는 것인데 이를 두고 '정상'과 '비정상'으로 나누는 근거는 뭘까요? 규연이 아빠에게는 '아이들 방학 때 비행기를 태워 줄 정도로, 경제적으로 여유가 있어야 정상적인 가정이야.' 이런 편견이 있어 보입니다. 앞에서도 이야기했지만 이런 편견이 쌓이다 보면, 이 편견에 어긋나는 이들을 이상한 눈으로 바라보는 차별적인 시선도 자연스레 생길 수 있답니다.

"우리 아빠 대기업 다니는데, 너희 아빠는 어디 다녀?"

"우리 엄마 연봉 되게 센데……."

여러분도 친구들과 이런 대화를 나누나요? 요즘은 아빠 또는 엄마의 직장이나 연봉, 차량 종류, 집 등에 대해 얘기하는 친구들도 많다고 해요. 우리 집이 잘산다는 걸 자랑하는 건 본인 자유지만, 이 자랑이 누군가를 불편하게 할 수 있다는 점도 알아 두면 좋겠어요. 그리고 자랑을 넘어 상대적으로 형편이 어려운 가정을 낮춰 보고 이상한 가정으로

만들어 버리는 것은 잘못된 태도이고요.

그렇다면 질문 한 가지! 여러분은 선주의 거짓말에 대해 어떻게 생각하나요?

"아무리 그래도 거짓말까지 할 필요 있나요? 비겁해요!"

이렇게 생각하는 사람들에게 저는 이런 말을 해 주고 싶어요.

"거짓말이라면 질색하는 선주가 거짓말을 하기까지 어떤 차별의 경험과 상처가 있었는지를 봐 주세요."

04
일상에 숨은 혐오와 차별의 **씨앗**

우리 일상에 숨은 차별과 편견을 더 살펴볼까요? 대표적으로 직업에 대한 차별적인 태도가 있어요.

"너! 공부 안 하면 저런 일이나 하는 거야!"

한 아빠가 건설 노동자가 일하는 모습을 보고 아이한테 이렇게 말했어요. '저런 일이나'라는 표현에서 건설 노동자를 비하하는 게 느껴지죠?

한 사회에서 노동자는 크게 '화이트칼라', '블루칼라'로 나뉜다고 해요. 화이트칼라는 하얀색 칼라가 달린 정장 셔츠를 입고 사무실 책상에 앉아서 일하는 직장인을 가리켜요. 블루칼라는 몸을 쓰는 일을 하는 노동자를 말하고요.

청색 작업복을 입고 육체노동을 한다는 의미에서 '블루'라는 표현이 붙었죠.

어느 사회나 더 주목받는 직종이 있을 수는 있지만, 우리 사회는 유독 블루칼라의 일을 낮추보는 경향이 강한 것 같아요. 인공 지능 시대라고 하지만 블루칼라의 노동은 여전히 우리 사회에 꼭 필요합니다. 중장비 기사가 없다면 학교,

아파트 등은 세워지기 어려웠을 거예요. 버스 운전기사가 없다면 사람들이 이동하는 게 어려울 거고요. 누군가의 직업은 단순히 돈을 버는 것의 의미를 넘어 사회적으로 의미가 있답니다. 어떤 직업인은 더 위대하고, 어떤 직업인은 손가락질을 받아도 된다는 법은 없어요.

한편 서울이 아닌 다른 지역에서 온 사람들을 향해 이런 말을 하는 사람들도 있어요.

"사투리 촌스러워."

"시골 애라 뭘 잘 모르는 것 같아."

이런 표현에서는 서울을 비롯하여 도시를 세상의 중심으로 바라보고, 다른 곳에 사는 이들을 우습게 바라보는 듯한 태도가 느껴지죠. 사람이 많이 살고 있고 고층 빌딩과 같은 건물이 많다고 해서 더 나은 환경이고, 그렇지 않다고 해서 부족한 환경이라고 말할 근거는 어디에도 없는데 말이에요.

그런데 생각보다 서울과 도시가 아닌 지역을 낮추보는 듯한 표현이 우리 일상에서 많이 보입니다. 2023년 서울의 한 구청이 운영하는 유튜브 채널에선 지역 차별적 발언이 담긴 영상이 올라와 사람들의 지적을 받기도 했어요.

"야, 너희 촌스럽게 건물들 좀 그만 쳐다봐. 완전 시골에서 온 사람들 같아 보이거든!"

웹 드라마 형식으로 찍은 영상에서 한 캐릭터가 친구들에게 이런 말로 면박을 주는 장면이 나왔어요. 이 영상은 누리꾼들의 비판에 결국 비공개로 전환됐다고 해요.

어떤가요? 우리 일상에 차별과 편견이 생각보다 많이 숨어 있죠? 여러분 일상에도 이런 일이 일어나고 있진 않은지 우리의 말과 행동을 유심히 살펴보면 좋겠어요.

선생님, 질문 있어요!

❶ 사람을 볼 때 겉모습이 먼저 보이는 게 사실이잖아요. 외모로 사람을 평가하는 것이 꼭 나쁜 일일까요?

외모는 우리가 상대방을 볼 때 눈에 가장 먼저 들어오는 요소죠. 그래서 외모를 완전히 배제하고 누군가를 판단하는 게 쉬운 일은 아니에요. 하지만 우리가 알아 둘 건 겉모습이 그 사람을 이루는 모든 게 아니라는 거예요. 그래서 면접관들은 면접자에게 여러 질문을 던지죠. 눈에 보이는 모습뿐 아니라 태도, 생각 등 여러 면을 보기 위함이죠. 외모는 사람을 이루는 여러 요소 중 하나라는 것을 잊지 마세요.

❷ 열심히 노력하지 않았으니까 돈을 많이 못 버는 직업을 가진 거고, 해외여행도 못 가는 거 아닌가요?

직업에 따라 월급이 좀 더 많을 수도, 적을 수도 있을 뿐 누군가가

하는 일의 가치를 '월급(돈)'으로만 판단할 수는 없어요. 월급이 적지만 사회적으로 의미 있는 일을 하는 직업인들도 많아요. 열심히 일해 돈을 모았어도 여러 상황에 따라 형편이 어려울 수도 있고요. 사람이 살다 보면 자신의 의지와 상관없이 이런저런 상황에 놓일 수 있거든요.

예를 들어, 사기를 당해 큰돈을 잃을 수도 있고, 가족이 아파 병원비를 내야 해서 돈을 못 모았을 수도 있죠. 누군가가 살아온 과정이 아닌 지금의 형편 하나만을 놓고 노력했다, 또는 노력하지 않았다고 단정해서 평가할 수는 없을 거예요.

간단한 활동

아래는 요즘 사회 현상을 다룬 뉴스의 내용입니다. 앵커의 멘트 중 우리가 이번 장에서 만난 용어들이 나옵니다. 빈칸에 들어갈 용어를 써 보세요.

❶ ◯◯◯◯   ❷ ◯◯

정답: ① 외모 지상 / ② 블루

3장

확장하는 혐오와 차별

노인들은 제발 가만히 계세요

"아, 학원 가방!"

교실에서 나와 복도를 걷던 준수가 소리쳤다. 순간 엄마가 며칠 전에 했던 말이 떠올랐다,

"4학년이면 저학년 아니야. 너 이제 어린애 아니라고! 가방은 스스로 잘 챙기자, 응?"

그날도 학원 가방을 안 들고 가서 제대로 혼났었다. 그냥 넘어갔으면 좋았을 걸 학원 선생님이 엄마한테 문자를 남긴 것이다. 다행히 오늘은 아직 시간 여유가 있다. 준수는 집에 들렀다 학원으로 향할 생각으로 교문을 나섰다. 그때 교문 앞에서 준수를 보며 누군가 손을 흔드는 게 보였다. 준수네 집에서 며칠 지내고 계신 할머니였다.

할머니 댁은 준수네 집에서 차로 한 시간 거리에 있었다. 자연이 가까이 있는 단독 주택에 살고 싶으시다며 몇 년 전 이사하셨다. 할머니는 종종 준수네 집에 일주일 정도 머물다 가셨다. 겉절이, 불고기, 찜닭, 나물 무침…… 할머니가 오시면 준수네 냉장고는 맛있는 음식으로 가득 찼다.

"할머니! 여기 왜 왔어요?"

준수는 할머니 품에 쏙 안겼다.

"네 할아버지가 집에 빨리 오라고 성화를 부리잖니. 얼른 가야겠다 싶어서 짐 싸서 나오는데 현관 신발장 위에 이게 보이더라고!"

할머니가 학원 가방을 내밀어 보였다.

"안 그래도 가방 가지러 집에 들렀다가 학원 가려고 했어요. 할머니 최고!"

"그랬구나. 가만! 내 강아지 간식이라도 먹고 학원 가야 하지 않아?"

"편의점에서 삼각김밥 먹고 가면 돼요."

"그래? 할미가 오늘은 햄버거 사 줄까?"

"대박! 좋아요!"

준수는 신이 나서 학교 근처 햄버거 가게로 향했다. 매장 자동문이 열리자, 키오스크 앞에 줄을 선 사람들이 보였다.

"할머니, 여기서 주문해야 해요."

준수가 키오스크 쪽을 가리켰다. 할머니가 고개를 끄덕거리며 준수 옆에 나란히 섰고 곧 차례가 왔다. '포장' 또는 '매장'을 선택하는 데까진 어렵지 않았다. 문제는 그다음부터였다. 햄버거, 사이드 메뉴, 추천 메뉴, 음료……. 할머니 얼굴에 당황한 기색이 역력했다.

"여, 여기서 뭘 골라야 하지?"

"이거 누르면 돼요."

준수가 살짝 까치발을 하고 '햄버거'라고 적힌 데를 가리켰다. 할머니가 화면을 터치하자 이번엔 별의별 종류의 햄버거 사진이 등장했다. 할머니는 눈앞이 캄캄해졌다.

"할머니, 불고기로 드세요. 여긴 그게 맛있어요."

"그, 그래. 단품 아니고 세트지?"

"네. 감자튀김도 먹어 줘야죠."

고난은 계속됐다. 치즈볼이니 텐더니 하는 낯선 사이드 메뉴에 할머니 입에선 절로 한숨이 나왔다.

그때 뒤에서 구시렁거리는 소리가 들려왔다.

"아, 미치겠네. 뭐 이렇게 오래 걸리냐?"

한 여자가 한숨을 내쉬며 말했다.

"야, 어르신 신문물 체험하러 나오셨잖아. 좀 예의 있게 기다릴 수 없냐?"

여자 옆에 있던 남자가 말했다. 준수는 남자가 비꼬듯 말하고 있다는 걸 알았다.

"인내심 오지는 그대나 기다리시든가."

순간 매장 자동문이 열리고 바깥 공기가 휙 들어왔다.

"나도 그냥 가야겠다. 노인들 제발 댁에 가만히 좀 계시면 안 되나? 바빠 죽겠는데. 사회에 도통 도움이 안 돼."

다시 자동문이 닫히는 소리가 났다.

"가만 보자. 이제 결제만 하면 되는데……. 쿠폰, 페이……, 그래! 카드는 여기 있구나. 이거 준수가 좀 꽂아 줘."

할머니가 준수에게 카드를 내밀었다. 준수는 할머니 손에서 카드를 낚아채 얼른 결제 단말기에 꽂았다.

"할머니랑 햄버거 먹으니까 좋아?"

할머니가 햄버거를 먹는 준수를 바라보며 물었다. 할머니 이마에 땀이 송송 맺혀 있었다.

"맛있어요. 그런데요, 키오스크 처음 써 보셨어요?"

"그거? 복지 센터에서 수업 한 번 들었어. 근데 막상 해 보려니 쉽지가 않네. 뭐 그렇게 고를 게 많은지……. 잘못 누를까 봐 가슴이 두근거리고 진땀이 다 난다. 할머니한테는 산 넘어 산이구나. 글씨도 너무 작아. 혼자 왔으면 못 먹을 뻔했어. 하긴 할머니 친구는 카페에서 주문하다가 뒤에 줄 선 사람들 눈치 보여서 그냥 나왔다고 하더라. 어휴, 누구 탓을 해. 우리처럼 늙고 쓸모없으면 다 죽어야지."

"왜 그러세요. 할머니 없으면 안 돼요. 할머니가 왜 쓸모가 없어요. 엄마 아빠가 할머니만큼 음식 맛있게 하는 분도 없다고 그러시잖아요. 속상해요. 할머니 오래 사셔야 해요."

준수가 눈물을 글썽이자, 할머니가 미소를 지어 보였다.

"그래. 미안해, 미안하다. 우리 손자 봐서 내가 더 오래 살아야지!"

준수는 이날도 일찍 잠들지 못했다. 낮에 할머니가 하셨던 말씀이 귓가에 맴돌았기 때문이다.

"우리처럼 늙고 쓸모없으면 다 죽어야지."

그런 민족은 사라져야 해!

    한결이는 오늘따라 기분이 아주 좋았다. 영국 런던에 사는 삼촌이 어제 깜짝 생일 선물을 보내왔기 때문이다. 바로 손흥민 선수 피규어였다. 한결이는 친구들에게 자랑할 생각으로 피규어를 가방에 넣어 갔다. 그리고 쉬는 시간, 가방에서 피규어를 쓱 꺼내자 준수가 먼저 달려왔다.

"와, 대박! 개멋져! 이게 뭐야? 이거 진짜야?"

한결이 입가에 미소가 머금어졌다.

"이거 삼촌이 선물해 줬어. 아, 우리 삼촌 영국에 산다! 회사 일 때문에 영국 런던에서 지내. 나한테 피규어도 엄청나게 많이 보내 줘. 아빠가 삼촌 있는 런던에 언제 가자고 했어. 우리 집에 오면 이거 말고도 자동차 피규어랑……."

"와! 개쩐다!"

준수가 한결이의 말을 툭 자르며 소리쳤다.

"야, 그럼 이거 진짜 런던 현지에서 온 거네. 개부럽다. 나 한번 만져 봐도 돼?"

준수의 말에 한결이가 고개를 끄덕거렸다.

"대박!"

준수 목소리가 교실에 쩌렁쩌렁 울렸다. 친구들 몇몇이 몰려와 준수와 한결이를 에워쌌다.

"근데 그 얘기 들었어? 유럽 축구 선수들이나 축구 팬들이 동양인 혐오 많이 한대. 최근에도 무슨 일 있었다던데?"

규연이가 고개를 갸우뚱하며 말했다.

"어떤 축구 팬이 손흥민 선수를 향해 이렇게 했잖아."

준수가 호들갑을 떨며 검지로 양쪽 눈을 찢는 동작을 해 보였다.

규연이 말에 준수가 고개를 격하게 위아래로 끄덕거렸다. 옆에 있던 하빈이는 얼어붙고 말았다. 하빈이는 어두운 얼굴로 자기 자리로 돌아왔다. 친구들 얘기를 듣고 몇 년 전에 있었던 일이 떠올랐기 때문이다.

하빈이네 아빠는 중국인, 엄마는 한국인이다. 아빠는 할아버지의 대를 이어 한국에서 중국 음식점을 운영하고 있다. 아빠의 음식점은 인기가 꽤 있었다. 음식 솜씨가 알려지면서 몇 년 전, 맛집을 소개하는 유튜버가 직접 방문해 가게에서 음식 먹는 영상을 찍어 간 적도 있었다.

유치원 때 하빈이는 아빠가 엄청 자랑스러웠다. 사람들 앞에서 막 자랑하고 싶었다. 지금도 아빠를 좋아하고, 자랑스러워하는 마음은 변함이 없지만, 최근엔 '아빠가 다른 일을 했으면…….' 이런 생각을 하는 날이 많아졌다. 아빠가 창피해서가 아니다. 중국인에 대한 사람들의 안 좋은 시선을 느낄 때마다 아빠를 비롯해 엄마, 하빈이 모두 피해를 보면 어쩌나 하는 두려움이 생겼기 때문이다.

과한 걱정은 아니다. 몇 년 전, 하빈이네는 끔찍한 일을 겪었다.

'우한 폐렴 주범! 짱깨 꺼져! 죽어! 지옥행!'

코로나19가 심했던 2020년, 음식점 유리창에 누군가 빨간색 펜으로 이런 말을 적어 놓고 갔다. 이뿐이 아니었다. 배달 앱에는 이상한 리뷰가 계속 달렸다.

"언제는 중국 현지 맛이라고 좋아하더니 이젠 중국인이어서 거르라고 하네. 나 참."

엄마는 한숨을 내쉬었다.

하빈이는 아빠의 음식점을 비위생적이라고 말하는 사람들의 말이 도통 이해가 되지 않았다. 아빠와 엄마는 음식점의 기본은 청결이라며 쉴 새 없이 매장을 쓸고 닦았기 때문이다. 음식점에는 구청에서 위생에 철저한 식당들에 주는 '안심식당' 스티커도 붙어 있었다.

"하빈아, 학교 친구들은 아빠 하는 일 잘 모르지? 굳이 말하지 마. 세상이 참 무서워. 코로나19 때 낙서 기억하지? 아빠 때문에 너까지 손가락질받거나 피해 보는 거 아빠는 절대 못 봐."

어느 날, 아빠는 하빈이를 불러 이렇게 말했다.

하빈이는 그때 아빠가 한 말을 생각하며 책상에 얼굴을 파묻었다. 안 들으려고 해도 저쪽에서 규연이가 하는 말이 또 들려왔다.

"위생 관념도 없고, 그런 민족은 지구에서 사라지는 게 맞다고 봐! 난 아무리 잘생겨도 중국인이면 결혼 안 할 거야."

하빈이는 귀를 틀어막았다. 하고 싶은 말은 많았지만, 아무 말도 할 수가 없었다.

01
'키오스크'에 숨은 차별 요소

유튜브에 푹 빠져 지내느라 다른 사람 입장에는 영 무심한 것 같던 준수가 할머니의 말에 눈물을 글썽이다니! 누구라도 가족이나 친구가 스스로 "쓸모없으면 죽어야지."라고 말한다면, 마음이 정말 아플 겁니다.

그런데 준수네 할머니 말씀은 할머니만의 개인적인 신세한탄이 아닐 수 있어요. 할머니 말씀에는 우리 사회의 노인이 처한 현실이 잘 담겨 있죠.

요즘은 각종 공공 기관, 은행, 프랜차이즈 카페나 식당 등 여러 장소에서 키오스크를 볼 수 있어요. 매장을 운영하는 사장 입장에서는 이 기기 덕분에 직원 인건비 등을 아낄 수 있어 좋다는 얘기를 하기도 해요. 계산을 더욱 빠르게 할 수 있어 편리하다는 고객들도 있고요.

하지만 누군가에게 편리한 키오스크가 누군가에게는 불편하고 두려운 기계일 수도 있습니다. 키오스크 앞에 선 할머니 입장에서 생각해 볼까요? 복지 센터에서 수업을 듣긴 했지만, 막상 키오스크를 써 보니 쉽지 않습니다. 햄버거 종류를 선택했더니 단품이냐 세트냐, 세트를 골랐더니 사이드 메뉴는 뭐로 할 거냐……. 질문이 꼬리에 꼬리를 물죠. 이뿐인가요. 카드, 페이, 교환권……. 결제 과정도 복잡합니다. 가슴이 두근거리고, 진땀이 난다는 할머니 말씀이 조금은 이해가 되죠? 준수가 옆에 없었다면, 할머니 역시 친구분처럼 주문을 포기하고 그냥 나왔을지 모릅니다.

할머니처럼 키오스크나 스마트폰 등 디지털 기기와 디지털 서비스 이용에 서툰 이들을 '디지털 소외 계층'이라고 말해요. 통계에 따르면, 디지털 소외 계층 대다수가 할머니와 같은 고령층, 그러니까 노인 세대라고 합니다.

한편 "할머니, 할아버지가 노력을 안 하셔서 그런 거 아닌

가요?" 하고 묻는 사람들도 있을지 몰라요. 그런데 반대로 우린 왜 아래와 같이 생각하지 못할까요?

"할머니, 할아버지도 쉽게 이용할 수 있는 키오스크를 만들면 어떨까요?"

키오스크는 '대중들이 각종 정보 서비스를 이용하거나 결제 등을 쉽게 할 수 있도록 공공장소에 설치한 무인 단말기'를 뜻해요. 키오스크의 뜻에 달린 '대중', '공공장소'라는 표현은 키오스크가 '공공성'을 갖고 있음을 말해 줍니다. 공공성이란, 누구나 이용할 수 있고 사회 구성원들 모두와 두루 관련되어 있다는 뜻이에요. 우리 주변에서 공공성을 띤 공간으로는 도서관, 행정 복지 센터 등이 있죠.

그런데 준수와 할머니 앞에 놓인 키오스크는 '누구나 이용할 수 있는' 기기가 아닌 것 같습니다. 노인이 이용하기엔 너무 복잡하고 어렵죠. 다시 말해 이 기기는 '노인을 배제한', '노인에게 차별적인' 시스템이라고 할 수 있어요.

이런 얘기가 나오면서 더 조작하기 쉽게 설계된 키오스크를 고민하는 시도도 많이 나오고 있어요. 글씨도 더 잘 보이게 키우고, 노인들에게 낯설 수 있는 영어 표현은 우리말로 바꿔 보는 식이죠.

사실 그간 키오스크에서 배제되는 이들은 노인만이 아니었어요. 대다수의 키오스크가 성인 눈높이를 기준으로 고정되어 있어 휠체어 이용자나 키가 작은 사람들은 이용에 어려움을 겪죠. 준수도 까치발을 하고 키오스크 앞에 섰던 거 기억나죠? 여러분 중에도 준수와 비슷한 경험이 있는 친구들이 있을지 모르겠네요.

한편, 점자 블록이나 음성 안내 기능이 없는 키오스크는 시각 장애인들에겐 참 불편한 기기였을 겁니다. 이에 장애인, 어린이의 불편을 해소하자는 의미로 점자 키패드, 음성 인식, 높낮이 자동 조절 등의 기능이 더해진 키오스크도 등장했어요. 비단 키오스크 사례만이 아닐 거예요. 앞으로 사회 곳곳의 여러 분야에서 노인이나 장애인, 어린이 등 사회적 약자가 배제되는 경험을 하지 않도록 살피는 노력이 더 많이 필요하겠죠?

02
나이 든 사람을 향한 혐오

 잠깐! 준수 할머니의 일화에서 우리가 주목해야 할 건 키오스크 시스템뿐만이 아니에요. 이번엔 햄버거 가게에서 줄을 섰다가 밖으로 나간 사람의 말에 귀를 기울여 봅시다.

 "나도 그냥 가야겠다. 노인들 제발 댁에 가만히 좀 계시면 안 되나? 바빠 죽겠는데. 사회에 도통 도움이 안 돼."

 노인을 아주 부정적인 시선으로 보고 있죠? 이런 시선을 '비하'라는 단어로 표현할 수 있어요. 누군가를 업신여기고 낮춰 본다는 의미죠.

 키오스크 조작에 조금 서툴다고 해서 할머니를 '가만히 좀 계셔야 하는 사람', '사회에 도통 도움이 안 되는 사람'이라고 하다니, 타인을 존중하는 마음이 조금도 없어 보이네요.

"냄새나.", "젊은이들한테 피해만 줘.", "시끄러워." 이렇게 노인을 부정적으로 보는 사람들도 있어요. 이런 생각들이 쌓여 편견이 되고, 노인을 차별하는 사건들로 이어지지요.

한 카페 사장이 노인 손님에게 "자리를 오래 차지하고 계시니 젊은 손님들이 오지 않는다."라는 내용이 적힌 쪽지를 건넸다는 사연이 큰 화제가 된 적이 있었어요. 노인들이 카

페나 음식점 등 공공장소에서 시끄럽게 떠들거나 사람들에게 무례하게 행동한 사연이 알려지자 '노 시니어 존(노인 출입 금지)'을 선언한 매장도 등장했죠. 한 지역 공공 수영장에는 다음과 같은 민원도 들어왔다고 해요.

"65세가 넘으면 물속에서 소변을 보는 등 수영장을 더럽게 사용하고 불평불만도 많아 분위기를 흐린다. 이용을 제한해야 한다."

2장에서 본 '노 키즈 존' 일화와 닮은 데가 있죠? 노 키즈 존처럼 노 시니어 존 역시 차별의 범위가 잘못 설정됐다고 볼 수 있어요. 노인은 모두 비위생적이고 무례한 사람일까요? '노인은 나가 주세요!' 이 말은 '시설을 비위생적으로 이용하고, 다른 이들에게 무례하게 구는 이용자는 퇴장해 주세요!' 이렇게 바꿔야 할 거예요.

우리 주변엔 다른 세대들에게 좋은 영향을 주는 할아버지, 할머니도 많이 계실 겁니다. "노인은 무조건 문제야!" 이렇게 말하지 말고, 주변에서 멋진 할아버지, 할머니를 찾아보는 것도 좋겠어요.

03
인종·민족을 향한 혐오

"저는 태어나서 한 번도 차별 같은 거 받아 본 적 없어요. 앞으로 받을 일도 없을 거예요."

만약 이렇게 말하는 사람이 있다면 규연이와 준수가 얘기했던 손흥민 선수의 차별 관련 일화를 들려주세요. 아래와 같은 제목으로 기사도 많이 나와 있답니다.

손흥민에 양쪽 눈 '쫙' 영국 축구 팬, 3년간 직관 금지
손흥민 향해 "동양인 똑같이 생겨." 말한 동료 선수 징계

이를 단순히 선수 개인에 대한 혐오와 차별이라고 볼 수 있을까요? 그렇지 않죠. 동양인 모두를 향한 혐오와 차별임을 우리는 잘 알고 있습니다.

 손흥민 선수가 겪은 일을 두고 우린 '인종 차별'이라고 말해요. '자신과 다른 인종의 사람들은 자신들보다 못하다'는 편견에서 비롯된 차별을 뜻하는 말이죠. 세계 역사를 보면 인종 차별이 차별에 머물지 않고, 혐오로 나아가 학대 및 살인으로까지 번진 사례가 많아요.

 남북 전쟁이 끝난 뒤, 1866년 미국에선 은퇴한 남부 백인들이 케이케이케이단을 설립했죠. 백인 우월주의 단체였던 이들은 흑인의 사회 활동 및 정치적 진출을 막으려 했고, 흑인은 물론 흑인을 옹호하는 이들에게 협박, 폭력, 테러 등을 일삼았어요.

 1948년 남아프리카 공화국에서는 백인 정권에 의해 사람을 몇 개의 인종 등급으로 분류하고, 사는 곳과 출입하는 곳 등을 구분하는 인종 차별 정책이 펼쳐졌어요. 이를 '아파르트헤이트(Apartheid)'라고 해요. 아프리칸스어(남아프리카 공화국의 공용어)로 '분리'라는 뜻이죠. 실제로 당시 남아프리카 공

화국에선 백인과 흑인 사이에 철저한 분리, 차별이 행해졌어요. 공공건물은 물론이고 공중화장실, 심지어 해변 같은 공공장소에도 백인과 흑인의 공간, 출입구가 따로 정해져 있었어요. 흑인은 통행증 없이 자신의 거주지 외에 다른 지역을 방문할 수 없었고, 투표권이 주어지지 않아 선거에도 참여할 수 없었죠. 이런 상황에서 흑인들은 점점 척박한 지역으로 밀려났고, 굶주림에 시달리며 살아갔어요.

한편, 독일의 정치가였던 히틀러는 세계 제일의 민족이 독일 민족(게르만족)이라고 주장하며, 유대인을 비롯해 다른 민족을 향한 차별 정책을 펼쳤어요. 히틀러가 이끈 나치당은 1945년 폴란드 아우슈비츠 수용소가 해방될 때까지 무려 유대인 600만 명을 학살했어요. 이를 '홀로코스트'라고 해요. 유대인들은 아우슈비츠 수용소에서 가스실 학살, 총살, 고문, 질병, 굶주림, 인체 실험 등으로 목숨을 잃었어요. 당시 목숨을 잃은 이들 중엔 어린이도 약 100만 명 정도 됐다고 해요. 다른 인종, 민족에 대한 차별을 넘어 학살까지 행해진 아주 끔찍한 역사죠.

이런 끔찍한 역사가 있음에도 사람들 사이에선 여전히 인종 차별이 일종의 문화처럼 남아 있습니다. 유럽, 미국 등 백인을 위주로 한 서양인들이 동양인이나 흑인을 '유색 인종'(자신들의 기준에서 피부색이 다른 인종이라는 의미)이라며 함부로 대하는 현상이 대표적인 인종 차별이죠.

한 비누 회사는 "이 비누를 쓰면 흑인에서 백인이 될 수 있다."라는 식의 광고를 만들어 비판을 받은 적이 있었어요. 흑인의 피부는 씻지 않은 더러운 피부이고, 백인의 피부는 깨끗하다는 잘못된 인식을 심어 줄 수 있다는 것이 이유였죠. 피부색이 나와 다르다고 해서 '더러운 사람', '미개한 사람', '함부로 해도 되는 사람'으로 봐도 된다는 근거는 어디에도 없습니다.

04
우리 안의
인종 차별

그런데 참 이상한 일이죠? 우리는 다른 사회에서 인종 차별을 겪으면서도 우리 사회 안에서 또 다른 인종, 민족을 차별하곤 해요. 두 번째 이야기에서 규연이가 했던 말을 잘 살펴보세요.

"헐! 이강인 선수를 향해서는 대놓고 '가자, 중국인!' 그렇게 말한 축구 팬도 있었대. 중국인이라니, 그거 진짜 우리를 개무시하는 거 아니냐."

"위생 관념도 없고, 그런 민족은 지구에서 사라지는 게 맞다고 봐! 난 아무리 잘생겨도 중국인이면 결혼 안 할 거야."

어떤가요? 규연이 머릿속엔 중국인에 대한 편견과 차별,

혐오가 자리하고 있는 것 같죠? 이런 말 때문에 하빈이는 코로나19가 심했던 시기, 아주 아팠던 기억을 떠올리게 됩니다.

실제로 전 세계적으로 코로나19가 퍼졌던 2020년경 서양에선 동양인을 혐오하는 현상이 심했어요. 코로나19가 중국 우한 지역에서 최초로 시작됐다는 게 이유였죠. 감염병에 대한 공포, 불안이 커지면서 사람들은 이 문제를 어떻게

해결할지보단 감염병 최초 발생지를 향해 혐오와 차별의 공격을 해 대기 바빴어요. 이 과정에서 중국을 비롯하여 아시아인에겐 '더러운 인종'이라는 '낙인'이 찍혔죠. 낙인이란, 쇠붙이로 만들어 불에 달구어 찍는 도장을 뜻해요. 불에 달군 도장이니 절대 지워질 리 없겠죠? 그만큼 지우기 어려운 차별적 시선, 안 좋은 시선을 두고 '낙인'이라고 합니다.

부정적인 사건·사고가 발생했을 때 사람들은 종종 '그 인종이어서', '그 민족이어서'를 갖다 붙이곤 해요. 특정 인종이나 민족에 대한 편견이 있기 때문이죠. 이런 편견 탓에 어떤 사람들은 큰 피해를 보기도 해요. 때론 위험한 상황에 처하기도 하고요. 하빈이네도 비슷한 경우였죠.

혹여 하빈이네 음식점에 위생 문제가 발생했다고 하더라도 그 음식점을 '청결하지 못한 음식점'이라고 표현하는 게 맞지 '중국인이 운영하는 음식점이기 때문에 청결하지 못함'이라고 하는 건 논리적으로 맞지 않아요. 중국인이라서 비위생적인 건 아닐 테니까요. 참고로 요즘 같은 문화 다양성 시대에 인종, 민족으로 사람을 구분하는 것 자체가 무의

미하다고 말하는 사람들도 있답니다.

  그건 그렇고, 친구들 이야기를 듣고 과거의 힘들었던 기억을 떠올리게 된 하빈이가 어깨를 펴고 아빠의 직업을 당당하게 밝힐 수 있게 되면 참 좋겠네요.

05
종교에 대한 혐오와 차별

 더 넓게 보면, 인종, 민족에 더해 종교를 이유로 행해지는 혐오와 차별도 있어요. 지난 2018년 예멘에서 일어난 내전으로 인해 예멘 난민 500여 명이 우리나라 제주도로 입국하면서 벌어진 논쟁은 무슬림에 대한 혐오와 차별을 잘 보여 줍니다.

 무슬림은 이슬람교를 믿는 사람들을 말해요. 당시 예멘 난민이 난민 신청을 하면서 우리나라 사람들 사이에선 난민 수용 여부를 두고 찬반 논쟁이 불붙었어요. 예멘 난민 입국을 반대하는 이들은 아래와 같은 주장을 했죠.

"테러리스트를 왜 받아 줘?"

"무슬림은 모두 잠재적 범죄자야!"

사람들이 예멘 난민을 '테러리스트', '잠재적 범죄자'로 바라본 이유는 이슬람 극단주의 테러 단체들이 저지른 무자비한 테러 행위들 탓이 큽니다. 이 사건들이 전 세계적으로 알려지면서 서아시아 일대 사람을 무조건 테러범, 살인마로 바라보는 시선도 생겼죠. 이렇게 이슬람 국가나 이슬람교, 이슬람 문화권에 막연한 공포를 느끼거나 공포를 넘어 혐오감을 드러내는 사람들도 많아졌어요.

사실 이슬람이 아닌 다른 종교를 믿는 이들 중에도 테러를 저지르는 사람들이

있을 거예요. 종교와 상관없이 나쁜 짓을 하는 사람이 있고, 아닌 사람도 있죠.

잘못을 저지른 사람과 그 사람의 행위를 문제 삼고 벌을 주는 건 맞아요. 하지만 그가 속한 인종, 민족, 종교까지 싸잡아 손가락질하고, 그와 같은 테두리 안에 있는 다른 이들까지 모두 비난하는 게 과연 맞을까요?

우리도 난민이었던 적이 있어요. 제주 4·3사건 때 죽음을 피해 일본으로 건너간 제주도민, 일제 강점기 때 중국에 갔던 조선인 등이 그렇죠.

이런 역사를 돌이켜보면, 우리가 난민을 혐오와 차별의 시선으로 바라보기보단 이들을 국제 사회의 한 이웃으로서 포용하는 것이 도리라는 생각이 듭니다.

선생님, 질문 있어요!

❶ 준수네 할머니는 복지 센터에서 키오스크 사용법 수업을 들었다고 하셨잖아요. 그런데 할머니, 할아버지는 왜 수업을 듣고도 "해도 잘 모르겠다.", "기억이 안 난다."라고 말할까요?

요즘 다양한 곳에서 노인을 대상으로 키오스크 사용법, 스마트폰 활용, 보이스 피싱 예방 등 디지털 교육을 하고 있죠. 여러분이 이런 수업을 들었다면, 아마 노인들보다는 훨씬 빨리 이해하고, 현장에서 바로 적용할 수 있겠죠.

"해도 잘 모르겠다.", "기억이 안 난다." 노인들이 자주 하는 얘기예요. 개인차가 있을 수 있지만, 일반적으로 노인이 되면 신체 능력이 저하되거든요. 기억력도 안 좋아지고요. 이를 '노화'라고 해요. 나이가 들어가면서 신체의 구조와 기능이 약해지는 것을 뜻하는 말이죠. 키오스크 수업 한 번으로 노인들이 기기의 기능을 단번에 익히기 어려운 이유도 여기 있을 거예요. 그러니 무조건 "할머니 빨리 좀 해요!", "배웠다면서 왜 저렇게 느려?" 이렇게 함부로 생각하고 말하지 않았으면 좋겠어요.

❷ **유럽의 축구 팬이 손흥민 선수에게 눈을 찢는 '제스처'를 해 보여 문제였잖아요. 이런 제스처도 혐오 표현이라고 할 수 있나요?**

흔히 '혐오 표현' 하면 '언어'만 해당한다고 생각할 수 있지만 그건 아닙니다. 때론 제스처(몸짓)도 혐오 표현이 된답니다.

동양인을 향해 눈을 찢는 제스처를 하는 건 대표적인 혐오와 차별 표현이에요. 서양인에 비해 눈이 상대적으로 작다고 여겨지는 동양인의 신체적 특징을 조롱하는 표현이죠. 손흥민 선수의 동료가 "동양인은 똑같이 생겼다."라고 말한 적이 있는데 이것도 서양인 입장에서 동양인은 작은 눈, 낮은 코 때문에 누가 누구인지 구별이 어렵다는 의미로 던진 일종의 '외모 비하'라고 할 수 있어요.

뉴스를 보면 흑인 축구 선수에게 바나나를 던진 유럽 관중의 이야기가 보도되기도 해요. 이것은 흑인 선수들의 피부색이 마치 원숭이처럼 까맣고, 흑인이 백인보다 열등하다는 비하의 의미가 담긴 행동이에요. 그러니 비판받아 마땅하죠.

특정 문양이 차별을 상징할 수도 있어요. 스위스의 공공장소에선 '하켄크로이츠'라 불리는 갈고리 십자가 문양을 사용할 수 없다고 해요. 이 문양이 독일 나치 및 극단적인 인종 차별을 상징하기 때문이에요.

사물에 붙는 명칭에도 차별적 요소가 숨

어 있을 수 있어요. 우리가 '살구색'이라 부르는 색은 우리나라에서 2000년대 초반까지만 해도 '살색'으로 불려 왔어요. 그런데 이 색은 동양인이 볼 때 살색일 수 있으나 흑인, 백인 입장에선 살색이 아닐 수 있겠죠? 이에 '살색'이란 표현을 쓰는 것이 다른 인종의 사람들에게 차별이 될 수 있다는 지적이 나오면서 '살구색'이란 이름이 붙었어요.

간단한 활동

이번 장에서는 노인들을 배제하는 키오스크에 관한 이야기를 만나 봤죠? 서울시 어떤 구에서는 키오스크 사용에 어려움을 겪는 노인들을 위해 그 구 내에 있는 극장, 마트 등에서 '느린 키오스크 캠페인'을 벌이기도 했어요. 키오스크 중 일부를 '느린 키오스크'로 지정해 노인들이 편하게 이용할 수 있게 하자는 거였죠. 구 측에서는 느린 키오스크 코너 옆에 디지털 소외 계층을 배려한다는 안내판을 붙이고, 배려를 위한 거리 두기 대기 선도 만들어 놓았다고 해요.

만약 여러분이 '느린 키오스크 캠페인' 담당자라면, 느린 키오스크를 알리는 현수막에 어떤 홍보 문구를 쓰고 싶나요? 캠페인의 의미가 잘 드러나는 홍보 문구를 자유롭게 써 보세요.

예)

4장

혐오와 차별에 대응하는 우리의 자세

혐오에는 혐오로?

"와, 대박! 개멋져! 이게 뭐야? 이거 진짜야?"

선주는 한결이의 피규어를 보며 호들갑을 떠는 준수가 불편했다. 아침부터 왜 저렇게 떠들어 대는지 재수 없다고 생각했다. 준수가 떠드는 바람에 반 애들 대부분이 그쪽으로 시선을 돌렸지만, 선주만은 일부러 모르는 척했다.

"꼬와? 이선주 너 말투 진짜 짜증 나거든. 진지충!"

며칠 전 준수에게 들었던 말이 아직도 마음에 콕 박혀 있었다. 그날 이후로 준수와는 상종도 하기 싫었다. 하지만 신경을 끄려 해도 듣기 싫은 목소리가 계속 들려왔다.

"중국인이라니, 그거 진짜 우리를 개무시하는 거 아니냐."

김규연은 언제부터 이준수와 저렇게 친했다고 말을 섞는지……. 규연이가 애들 비행기 한번 못 태워 주는 이상한 가정도 많다고 했을 때 한마디 했어야 하나. 그래도 엄마를 생각하면 안 하길 잘한 거다. 선주는 그렇게 생각했다.

"학교에서 별일 없지?"

엄마는 요즘 부쩍 선주에게 이런 질문을 많이 했다. 선주는 알고 있다. 엄마가 그냥 하는 얘기가 아님을. 전처럼 가정 환경이 알려지고, 따돌림을 당할까 봐 걱정해서 하는 말임을. 그래서 선주는 늘 선을 지키며 지냈다. 남들 눈엔 괜찮아 보였을지 모르지만, 사실 선주 마음에는 파도가 휘몰아칠 때가 많았다. 용암처럼 화가 부글부글 끓을 때도 있었다.

며칠 전 놀이터에서 본 그 아저씨처럼 엄마가 속 시원하게 한마디 해 주면 어땠을까. 선주는 초등학교 1학년쯤 되는 아이가 친구에게 맞았다고 하자, 아이 아빠가 눈을 부라

리며 소리치던 장면을 떠올렸다.

"어떤 놈이 한 대 때리면, 너는 두 대 때려. 아니 세 대, 네 대 때려! 당하지만 말고 너도 치란 말이야! 아빠가 병원비 대 준다 했다고 말해. 괜찮아."

나에겐 왜 그런 아빠가 없을까? 엄마는 왜 내가 숨죽여 지내기만을 바랄까? 선주는 누군가 한 대 때리면, 너는 두 대 때리라는 말을 들은 아이가 부러웠다. 나도 준수에게, 규연이에게 한마디 할 수 있는데……. 나도 한 대 칠 수 있는데…….

그때 하빈이가 입을 비쭉 내밀고 자리에 돌아와 앉았다. 그러고는 책상에 얼굴을 파묻었다. 평소였으면 하빈이를 챙겼을 텐데 지금은 선주도 마음의 여유가 없다.

"대박!"

이준수 목소리가 또 들려왔다. 한두 번 들은 것도 아닌데 "대박!" 소리가 너무 거슬렸다. 순간 화가 치밀어 올랐다.

"어떤 놈이 한 대 때리면, 너는 두 대 때려. 아니 세 대, 네 대 때려! 당하지만 말고 너도 치란 말이야!"

아저씨의 말이 귓가에 들려왔다. 선주는 자리에서 일어나 준수를 향해 소리쳤다.

"야! 이준수! 입 좀 다물어! 너 혼자만 있는 교실 아니잖아. 대박 소리밖에 할 줄 모르냐? 너야말로 극혐이야!"

래퍼가 랩을 할 때처럼 말이 술술 나왔다. 선주도 자기 입에서 이런 말이 나올 줄은 몰랐다. 엎드려 있던 하빈이가 고개를 들고 놀란 눈으로 선주를 쳐다봤다. 다른 친구들의 시선도 선주를 향해 있었다. 늘 고운 말만 해 왔던 선주 입에서 저런 말이 나오다니! 모두 충격을 받은 듯했다.

준수는 말문이 막혔다. '극혐'이라는 말을 직접 할 때는 몰랐는데 남의 입을 통해 들으니 놀라서 가슴이 뛰었다. 그동안 선주에게 사과할지 말지 고민을 안 한 건 아니었지만, 어떻게 사과하는 게 맞을지 몰라 망설이고 있었다. 분한 마음에 준수의 눈시울이 붉어졌다. 이대로 가만히 있으면 자존심이 상할 것 같았다. 준수는 몸을 부르르 떨며 선주를 노려봤다.

"뭐, 뭐라고? 너 지금 뭐라고 했어? 극혐?"

선주도 오기가 발동했다.

"왜? 너는 나한테 진지충이니 개극혐이니 함부로 말했잖아. 나는 왜 못 해? 나는 왜 못 하냐고!"

선주는 소리치고는 다리에 힘이 풀려 그 자리에 털썩 주저

앉았다. 하빈이가 선주의 팔을 붙잡으며 나직이 속삭였다.

"그만해. 너 준수랑 똑같은 애 되고 싶어?"

"누가 나를 혐오하고 공격하는데 나라고 못 하란 법 있어? 나도 나를 지켜야지."

하지만 선주는 자리에서 일어나지 못했다. 친구들 볼 낯이 없었다. 이준수가 한 것처럼 똑같이 공격하면 속이 시원할 줄 알았는데 오히려 마음이 불편했다. 그저 이 상황이 얼른 지나가기만을 바랄 뿐이었다.

교실 속 이야기 ❽

그런 말을 해서 미안해

"오늘은 선생님이 여러분한테 사과를 좀 하려고 해요."

오늘따라 선생님 얼굴이 어두웠다. 한결이가 침을 꾹 삼키며 선생님 눈치를 살폈다. 하빈이가 손을 들고 질문했다.

"무슨 사과요?"

"음, 선생님이 주말에 15개월 된 딸이랑 카페에 갔던 얘기부터 할게요. 딸이 호기심이 많아서 이것저것 잘 만지고 다니는데 공공장소에서도 그럴까 봐 선생님이 엄청 신경을 써요. 그날도 주의 깊게 살폈죠. 그런데 주문한 차를 가지러 간 사이에 아이가 옆 테이블 쪽으로 가는 게 보이더라고요. 당황해서 '안 돼!' 하고 소리치고는 달려가 못 가게 말렸어요. 그러자 딸이 고집을 부리며 울기 시작했죠. 근데 저쪽에서 누군가가 '여자애가 뭐 저렇게 드세?', '애 하나 못 챙기면서 차는 마시고 싶나? 맘충.' 그러더라고요."

"맘충은 공공장소에서 무개념 애들을 그냥 놔두는 엄마들한테 하는 욕인데요?"

선주가 깜짝 놀라서 말했다.

"맞아요. 선생님은 애가 피해를 줄까 봐 엄청 신경을 썼는데 그런 말을 들으니 속상했어요. 그리고 사람들 시선이 무서워서 애를 안고 도망치듯 카페를 나왔어요."

"너무 속상해요. 도리어 선생님이 사과받아야 하는 거 아니에요?"

하빈이가 고개를 갸우뚱거리며 말했다.

"그런데 말이죠, 생각해 보니 카페에 있던 사람들이 했던 말처럼 차별이 담긴 말을 선생님도 했던 적이 있더라고요."

"네? 맘충이라고요?"

준수의 말에 선생님이 고개를 가로저었다.

"아뇨, 한 친구가 다른 친구들한테 '병신'이라는 소리를 듣고 속상해서 선생님을 찾아왔어요. 그런데 선생님이 대수롭지 않게 '남자가 울면 쓰나!' 이렇게 말했네요."

"남자애들도 잘 우는데……."

선주가 나직이 중얼거렸다.

"남자는 울면 안 되나요? 며칠 전에도 누가 우는 거 봤는데……."

이번엔 규연이가 말했다.

"저는 그때그때 눈물 나는 포인트가 달라요."

교실 어디선가 이런 말도 들려왔다. 다른 애들도 한마디씩 했다.

"울고 싶을 때 울어요!"

"저는 지금 울고 싶어요! 끝나고 수학 학원 가기 싫어요!"

교실이 일순간 웃음바다가 됐다.

"여러분 말이 다 맞아요. 남자 또는 여자여서 울어선 안 되고, 울어도 된다는 법은 없죠. 각자 감정에 따라 울 수도 있고, 안 울 수도 있는 거니까요. 선생님이 한 말로 그 친구가 자신의 감정을 표현하는 데 머뭇거리지 않았으면 좋겠어요. 그 친구가 '병신'이라는 말을 들었다고 했을 때 상황이나 마음을 잘 헤아리지 못한 것도 미안해요. 그래서 오늘은……."

'일상의 혐오와 차별을 찾아라!'

선생님이 나눠 준 활동지에는 이렇게 적혀 있었다.

"지금부터 여러분 주변의 혐오와 차별 사례를 써 보세요. 말, 행동 모두 포함됩니다. 여러분 본인이 당한 것도 되고, 반대로 여러분이 남한테 한 말이나 행동을 용기 있게 써도 좋습니다. 그리고 이 표현을 들은 이들이 느꼈을 감정, 이 표현의 문제점도 써 보세요. 20분까지!"

교실이 고요해졌다.

20분 뒤 선생님의 지목에 따라 선주가 먼저 나와 상자에서 꺼낸 활동지를 펼쳐 읽기 시작했다. 이름을 가린 탓에 누가 쓴 것인지는 알 수 없었다.

> "사회에 도통 도움이 안 되는 노인네들." 할머니가 햄버거 가게 키오스크 앞에서 느리게 행동하자 사람들이 이렇게 말했어요. 할머니는 나름대로 빨리해 보려고 노력했는데……. "늙고 쓸모없으면 다 죽어야지." 할머니가 이렇게 말씀하시니까 저도 너무 속상했어요. 세상엔 키오스크에 익숙하지 않은 사람들도 많을 텐데. 힘없는 노인이라고 함부로 말하는 것도 차별이고, 혐오예요.

"참 속상한 일이네요. 뉴스를 보면 어린이나 노인한테 함부로 대하는 사례들이 많이 나오는데, 이를 어린이·노인 혐오라고 말하기도 해요. 자, 다음 이야기로 넘어가 볼까요? 선주! 다음 발표자를 지목해 주세요."

"그런데요, 선생님. 뒤에 뭐가 하나 더 있어요."

선주가 활동지를 내밀어 보이자 선생님이 고개를 끄덕거

렸다. 눈으로 글을 쓱 훑어본 선주는 인상을 살짝 찌푸리더니 곧 떨리는 목소리로 활동지를 읽어 내려갔다.

"그리고 저는…… 친구한테 '진지충'이라는 혐오 표현을 한 적이 있어요."

선주가 잠시 멈칫하더니 다시 입을 열었다.

"진지충은 진지하게 말하고 행동하는 사람을 벌레에 빗대어 부르는 혐오 표현이에요. 친구가 제 문제점을 지적해서 짜증이 나서 한 말인데…… 그런 말은 안 쓰는 게 맞아요."

선주가 깊은 한숨을 내쉬었다.

"아! '진지충', '설명충' 이런 표현은 선생님도 인터넷에서 본 적 있어요. 우리 교실에서 그런 일이 있었다니! 이번 활동을 하길 참 잘했다는 생각이 드네요. 좋습니다. 그럼, 다음 친구 지목해 줄까요?"

선주가 시선을 바닥으로 돌린 채 준수 쪽을 가리켰다.

"이준수요!"

준수는 눈을 꾹 감고 상자에서 활동지를 꺼냈다. 활동지를 펼쳐 든 준수 얼굴에 당황한 기색이 엿보였다.

"음…… 그러니까 이게……. 그, 그러니까. 저는 '극혐'이라는 말을 들어 보기도 했고, 써 보기도 했어요. 이 말을 들었을 때 내가 이런 말을 왜 들어야 하는지 억울했어요. 가슴에 돌덩이가 얹힌 것 같았습니다. 우울했어요. 그리고 다른 사람한테 이 말을 했을 때는……. 그때 기분도 매우 안 좋았어요. 친구들을 보는 게 부끄러웠어요. 제가 왜 그런 말을 했는지 후회가 됩니다."

"음, 준수가 뽑은 친구 사연도 참 흥미롭네요."

"어? 선생님, 근데 뒤에 또 한 장이 있는데요?"

준수가 활동지를 들어 보이자, 선생님이 읽어 보라는 신호를 보냈다.

"저는 '이상한 가정'이라는 말도 혐오와 차별 표현이라고 생각해요. 엄마와 아빠 중에 한 명이 없다고, 집에 돈이 없다고 이상하다는 말을 들어야 할 이유는 없어요. 저 솔직히 이 말을 들었을 때도 너무 힘들었어요. 그리고……."

활동지 다음 장을 넘기던 준수 눈이 휘둥그레졌다. 준수는 목을 가다듬고 천천히 다음 문장을 읽어 내려갔다.

친구들아, 나 선주야. 사실은 나 너희들한테 거짓말했어. 우리 아빠가 프랑스에 있다는 건 거짓말이야. 나는 아빠 얼굴을 몰라. 엄마가 나를 낳기 전에 아빠는 우리 집을 떠났어.

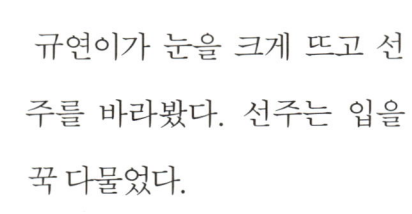

규연이가 눈을 크게 뜨고 선주를 바라봤다. 선주는 입을 꾹 다물었다.

"나는 엄마랑 도망치듯 이곳으로 왔어. 전학 오기 전 학교에서 친구들의 부모님이 하도 나를 향해 손가락질해서 이사 온 거야. 여기 와서도 또 비슷한 취급을 받을까 봐 거짓말했어. 미안해. 거짓말은 잘못이니까 말하고 싶었어. 나를 용서해 줘. 너희들과는 오래오래 친구로 남고 싶어."

편지를 다 읽은 준수의 눈시울이 붉어졌다. 교실에 적막이 흘렀다.

01
'먼지 차별'과 혐오

이번엔 선생님의 사연에 주목해 봤으면 해요.

"여자애가 뭐 저렇게 드세?", "맘충." 선생님은 카페에서 이런 소리를 들은 뒤 며칠 전 한결이에게 자신이 잘못한 일을 떠올리게 되었어요. 누군가로부터 혐오와 차별을 받으면서 자신의 말과 행동을 곱씹어 보게 된 것이죠.

사람은 누구나 자기 입장에서 생각하고, 행동하게 마련이라 타인이 내게 한 말과 행동엔 예민하게 반응하기 쉽지만, 내가 다른 이에게 행한 일들에 대해선 상대적으로 둔감하기 쉬워요. 게다가 혐오와 차별의 의미가 담긴 언행 중엔 욕설이나 물리적인 폭력과 달리 눈에 잘 띄지 않는 것도 많거든요. 그런 탓에 내 언행이 혐오와 차별에 해당하는지를 잘 모르고 무심코 넘어갈 수도 있죠. 선생님이 한결이에게 "남자가 울면 쓰나!"라고 툭 내뱉은 것처럼요. 그런 점에서 혐오와 차별은 우리 눈에 잘 보이지 않지만, 분명히 해가 되는 '먼지'와 닮은 데가 있어요. 이렇게 눈에 잘 보이지 않는 먼지처럼 우리 일상에 있는 혐오와 차별 표현을 두고 '먼지 차별'이라고 부르기도 해요.

먼지 차별은 '먼지'처럼 눈에 잘 보이지 않아요. 하지만 먼지를 그냥 두면 쌓여 먼지 덩어리가 되듯 먼지 차별 역시 그냥 두면 더 큰 혐오와 차별이 될 수 있어요. 우리 일상에서 먼지 차별에 해당할 만한 표현들을 한번 살펴볼까요?

"조금만 더 꾸미면 참 예쁠 텐데."

"역시 여자들이 섬세하긴 해."

"사투리는 언제 고칠 거야?"

각각 외모, 성별, 지역에 대한 차별이 마치 먼지처럼 숨어 있죠? 이는 다음과 같은 '먼지 덩어리'가 될 수도 있어요.

"외모만큼 중요한 게 어딨어."

"섬세함이 요구되는 일은 여자가 하는 게 맞아."

"표준어 안 쓰는 거 보니까 서울 사람이 아닌가 봐? 촌스러워."

어떤가요? 우리가 '별생각 없이', 때로는 '좋은 의미로' 한 말과 행동을 다시 곱씹어 보게 되죠?

"그럼 대체 무슨 말을 어떻게 하라는 건가요?"

혹여 이런 소리를 하는 사람들도 있을지 몰라요. 그런 이들에겐 이런 말을 해 주면 어떨까요?

"말하기 전에, 행동하기 전에 상대방 입장에서 한 번 더 생각해 보면 어때요?"

인간으로서 당연히 갖는 아주 기본적인 권리를 '인권'이라고 해요. 인권 안에는 혐오와 차별을 받지 않을 권리도 포함되어 있어요. 다른 사람 입장에서 그가 차별받는 상황을 이해하고, 살필 줄 아는 감수성을 뜻하는 말도 있어요. 바로 '인권 감수성'이에요. 앞서 얘기한 '말하기 전에, 행동하기 전에 상대방 입장에서 한 번 더 생각해 보는 것'이 바로 인권 감수성의 다른 말이죠.

세상엔 참 다양한 사람들이 살고 있고, 혐오와 차별의 경험은 다 다를 수 있기 때문에 나와 다른 사람들의 입장을 간접적으로라도 살펴보려는 노력이 필요해요. 뉴스, 책, 영화 등의 콘텐츠를 접하며 '저런 입장도 있을 수 있구나!' 생각하고, 나아가 '나였다면?' 이렇게 우리 자신을 대입해 보는 훈련을 해 보는 것도 좋은 방법이죠.

02
혐오와 차별에는
혐오와 차별로?

 겉으로는 참 의연해 보였지만, 마음은 이리저리 흔들리고 있었던 선주가 폭발한 사연은 어땠나요? 선주는 준수가 자신에게 한 것처럼 '극혐'이라는 표현을 써 일종의 복수를 했어요. 여러분은 이런 선주의 행동을 어떻게 생각하나요?

 "솔직히 통쾌했어요. 준수가 사과도 안 하면서 까불고 다니는 거 보면 얄밉잖아요."

 "화가 날 때는 화를 내는 것도 필요해요."

 네, 그럴 수 있어요. 그런데 혐오에 혐오로 대응했을 때 선주의 마음이 어땠나를 살펴보죠. 속이 시원해졌나요? 선주는 준수가 한 것처럼 준수에게 혐오 표현을 퍼붓고 나서 다리에 힘이 풀려 주저앉습니다. 그리고 친구들 볼 면목이 없어 고개를 들지 못했죠. 준수가 한 것처럼 똑같이 혐오로 공격하면 속이 아주 시원해질 줄 알았지만, 오히려 마음은 더 무거워졌어요.

그렇다면 준수는 반성했나요? 이대로 가만히 있으면 자존심이 상할 것 같다는 생각에 오히려 더 큰소리를 냈죠. 누가 봐도 좋은 결론은 아니었어요. 다행히 수업 시간에 활동지를 쓰면서 자신을 돌아본 것 같긴 하지만요.

친구가 한 대 때리면, 나는 두 대 때린다? 선주가 놀이터에서 만났던 아저씨는 자신의 아들이 친구에게 맞고 와서 화가 나 한 말이겠지만, 이런 식의 문제 해결은 결국 피해자를 가해자로 만들어 버립니다. 즉, 모두가 가해자가 되는 상황이 발생하죠. 쉽게 말해 '폭력의 악순환'이 계속되는 거예요. 혐오에 혐오로, 차별에 차별로 대응하는 것도 마찬가지예요. 이런 식의 대응이 반복된다면 세상에는 아마 혐오 전쟁이 일어날지도 몰라요.

혐오 표현이 있다면, 혐오에 대응하는 '대항 표현'이라는

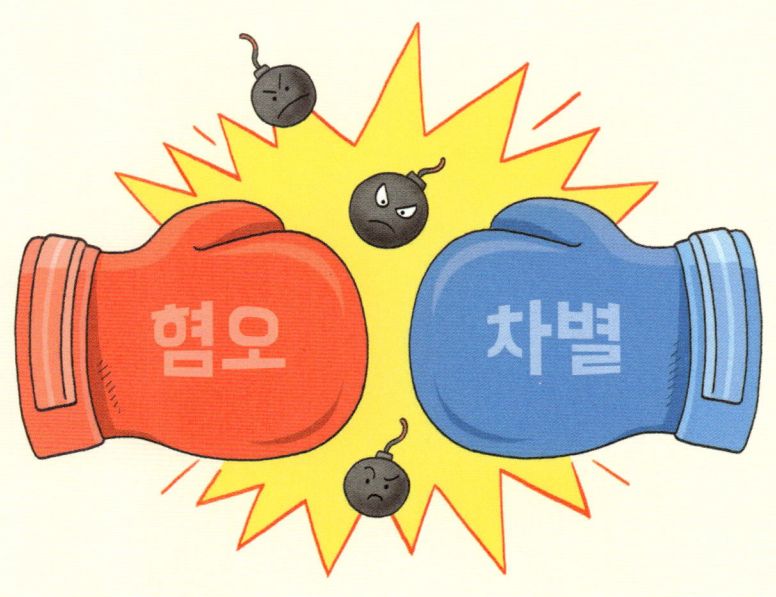

개념도 있음을 알아 두면 좋겠어요. 대항 표현은 혐오 표현에 대해 반박하고, 혐오 표현의 힘을 약화시키는 말과 행동을 뜻해요.

예를 들어, 누군가 여러분에게 '진지충'이라고 말했다면 "세상 그 누구도 아무 잘못 없이 '벌레'라는 말로 경멸의 대상이 될 이유는 없어!" 이렇게 반박할 수 있을 겁니다.

"여자애들은 섬세하고, 남자애들은 둔하잖아." 만약 누군가 이렇게 말했다면 어떻게 반박할까요? "여자들 중에도 둔

한 사람이 있고, 남자들 중에도 섬세한 사람이 있어. 이건 사람마다 다른 것이지 남녀의 차이는 아니야." 어떤가요? 고개가 끄덕여지죠?

공동체 안에서 누군가의 혐오 표현이 문제가 됐을 때 피해자가 아닌 이들이 가해자의 문제를 소리 내 지적하는 것도 일종의 대항 표현이에요. 한결이가 '병신'이라는 말을 들었을 때 주변에 한 사람이라도 이 표현의 문제점을 지적하고 목소리를 내 줬다면 어땠을까요?

준수가 선주에게 '진지충', '개극혐'이라고 했던 순간, 교실 분위기는 급속도로 얼어붙었죠? 규연이는 인상을 잔뜩 찌푸렸고, 하빈이는 혀를 끌끌 차며 고개를 흔들었어요. 평소 준수를 치켜세워 주었던 애들도 굳은 표정으로 자리로 돌아갔죠. 이에 준수는 돌로 머리를 맞은 기분을 느꼈어요. 말로 소리 내어 "네 표현은 잘못됐어!" 이렇게 문제를 짚은 건 아니지만, 친구들의 싸늘한 시선과 분위기 자체가 준수의 기를 꺾은 거예요.

03
혐오와 차별에 대항하는 활동

좀 더 적극적으로 혐오와 차별에 대항하는 활동을 해 볼 수도 있어요.

'인종은 달라도 모두가 존중받을 권리', '혐오와 차별은 아웃' 매해 3월 21일, 사람들은 이런 문구가 적힌 피켓을 들고 광장에 나옵니다. '국제 인종 차별 철폐의 날'을 기념하고, 의미를 되새기려는 캠페인이죠.

이날을 국제 인종 차별 철폐의 날로 정한 건 1960년 3월 21일, 남아프리카 공화국의 샤프빌에서 아파르트헤이트에 반대해 평화 시위를 하던 사람들이 경찰의 총격으로 사망하거나 부상을 입는 끔찍한 일이 일어났기 때문이에요. 이들을 추모하고, 인종 차별의 문제점을 환기하자는 의미로 많은 사람이 캠페인을 벌인답니다.

혐오와 차별에 대항하는 의미의 캠페인은 온라인에서도 가능해요. 요즘은 SNS 채널에서 '해시태그(#)'를 활용하여 캠페인을 벌이는 사람들도 많아졌어요. SNS는 사람들이 온라인에서 다른 이들과 관계를 맺고 소통할 수 있게 만든 서비스를 말해요. 페이스북, 인스타그램이 대표적이죠. 유튜브도 동영상을 기반으로 한 SNS 채널 중 하나예요. SNS에

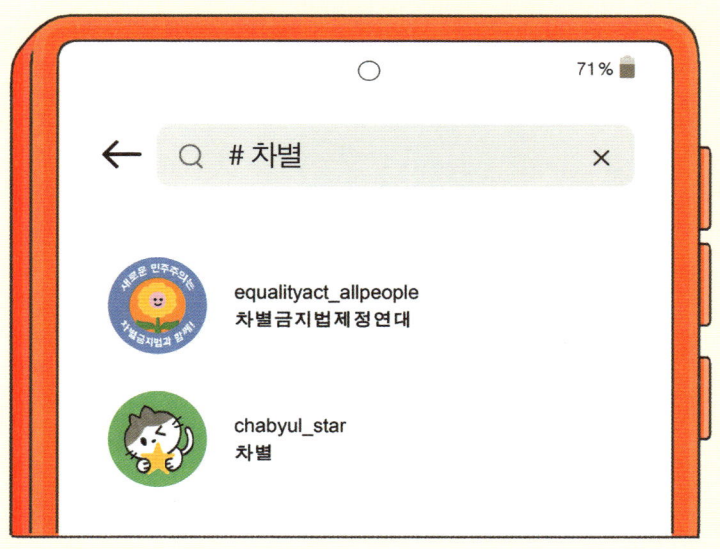

서 # 표시를 한 뒤 특정 단어를 적으면 그 단어에 해당하는 글이나 사진만 모아서 볼 수 있어요. 해시태그는 특정 단어에 해당하는 게시물을 보다 쉽게 검색할 수 있게 해 줘요. 여러분이 우리 사회의 혐오와 차별 문제에 관심이 생겼다면, SNS 채널에서 #차별 #혐오 #차별표현 #혐오표현 #차별금지캠페인 #혐오금지캠페인 등을 검색해 보세요. 혐오와 차별에 해당하는 표현과 반대하는 캠페인 등의 게시물을 만나 볼 수 있을 거예요.

어떤 교실에선 마치 급훈을 쓰듯 '혐오와 차별 표현 금지 표어'를 만들었어요. '1월엔 친구의 외모를 ○○라고 비하하지 않기', '2월엔 장애가 있는 친구를 조롱하지 않기' 등 토론을 통해 매달 주제를 바꿔 보기도 했죠.

지금까지 우리는 여러 가지 혐오와 차별에 대한 표현을 알아봤어요. 일상에서 나도 모르게 그런 표현을 쓰지 않으려면 어떻게 해야 할까요?

'세상에는 나와 다른 입장에 있는 다양한 사람들이 있어. 모두가 평등해야 하고, 존중받아야 해!'

이런 생각을 바탕으로 혐오와 차별의 언행이 왜 문제이고, 사람들에게 어떤 상처를 주는지를 깨닫는 게 첫 단추입니다. 그리고 일상에서 혐오와 차별 표현을 쓰지 않도록 노력하는 과정이 필요할 겁니다. 더 나아가 다른 사람들에게 "이런 말과 행동은 혐오와 차별입니다!" 이렇게 목소리까지 낼 수 있다면 더욱 좋겠어요. 그 과정에서 어느새 '인권 감수성'이 풍부해진 여러분 자신을 만날 수 있을 거예요.

선생님, 질문 있어요!

❶ 솔직히 선주가 준수한테 '극혐'이라고 말했을 때 속이 시원했어요. 혐오에 혐오로 대응해선 안 되지만, 말처럼 쉽진 않아 보여요. 그럴 땐 그냥 참고 당하는 게 답일까요?

아뇨! 당하고만 있어선 안 되죠. 자신을 향한 혐오 공격 앞에 어떻게 대처해야 하는지는 선주가 한 말에 답이 있어 보여요.
"나도 나를 지켜야지."
우리가 자신을 지키는 방법은 참 다양해요. 특히 학생들이라면, 가족 또는 선생님 그리고 가장 친한 친구에게 자신이 처한 상황을 알리는 것도 나를 지켜 내는 방법 중 하나일 겁니다.
하지만 선주는 엄마에게 걱정을 끼치고 짐이 되면 안 된다고 생각해서 알리지 않았어요. 혹 여러분도 선주처럼 '이런 얘기를 하면 부모님(또는 선생님, 친구들)한테 부담을 주는 걸 거야.'라고 생각하고 있다면, 그건 혼자만의 착각일 거라고 말해 주고 싶네요. 내가 경험한 혐오와 차별을 주변에 알리고, 이후 어떻게 대응하면 좋을지를 함께 고민하는 태도 역시 '대항'이라고 볼 수 있답니다.

❷ 혐오와 차별 금지 카드 뉴스를 만들어 보고 싶어요. 어떻게 만들 수 있을까요?

좋은 생각입니다. 카드 뉴스는 우리가 전달하고자 하는 메시지나 정보를 그림이나 사진 등의 시각 자료와 간략한 글로 구성해 표현하는 카드 형식의 뉴스를 말해요. 내용이 한눈에 들어오기 때문에 정보를 더욱 쉽게 전달할 수 있죠.

혐오와 차별을 하지 말자는 의미로 만드는 카드 뉴스니까 표어가 들어간 포스터처럼 '주장' 그리고 '주장과 관련한 그림 또는 사진'을 적절히 배치해 보는 건 어떨까요? 여러분만의 메시지가 담긴 카드 뉴스를 만들어 보세요!

작가의 말

각자의 빛깔로 반짝반짝 빛나는, 소중한 여러분에게

여러분은 살면서 자신과 똑같은 사람을 만나 본 적이 있나요? 생김새부터 인종, 국적, 나이, 성격, 가족 관계, 잘하는 것과 못하는 것, 좋아하는 것과 싫어하는 것, 크고 작은 일에 대한 생각까지 완벽히 똑같은 사람을 말이죠. "있어요!" 이렇게 말할 수 있는 사람은 없을 겁니다.

세상에 닮은 사람은 있을 수 있지만, 똑같은 사람은 없습니다. 저는 아주 오래전부터 그 점이 참 흥미롭게 느껴졌어요. 마치 무지갯빛처럼 제각기 다른 빛깔을 가진 다양한 사람들이 모인 세상이라니! 그리고 이런 꿈도 꾸게 되었어요.

"더 빨리 커서 더 넓은 세상으로 가 다양한 빛깔의 사람들을 만나 보고 싶어!"

그런데 좀 더 넓은 세상에 나와 보니 다른 이의 빛깔을 '다름'이 아닌 '틀림'으로 보고, 함부로 대하거나 심지어 혐오를 하는 사람들도 많았어요. 이유가 뭘까 생각해 봤어요. 모든 사람이 일부러 아주 나쁘게 마음을 먹고 혐오나 차별을 하는 건 아닌 듯했어요. 다름에 대한 이해가 부족해서, 다른 이의 입장에 서 보지 못해서 그런 경우도 많았죠. 그래서 제가 제일 좋아하는 활동인 글쓰기, 말하기를 통해 "세상에는 이렇게 다양한 사람들과 입장이 있어요!" 이렇게 말하고 싶어졌어요. 이 책을 쓴 이유도 여기 있어요.

이 책은 4학년 3반 학생들을 중심으로 일어나는 여러 사건을 통해 우리 주변에 숨은 차별 요소들과 혐오의 언행에 대해 살펴보고 있어요. 혹시 에피소드를 접하면서 "나도 그런 적 있는데……." 이렇게 혼잣말하는 여러분도 있었을까요? 괜찮아요. 함께 깨닫고 변화해 가면 되니까요. 이 책을 통해 여러분들이 혐오와 차별의 의미 그리고 그 영향을 알고, 누군가 혐오와 차별의 화살을 맞았을 때 그의 입장에서 목소리를 낼 수 있게 된다면 정말 좋겠어요. 그리고 여러분이 단 한 명이듯, 주변의 친구들, 선생님, 이웃들 모두 각자 귀한 빛깔을 가진 아주 소중한 단 한 명임을, 모두 존중받아야 함을 잊지 않았으면 해요.

김청연

교실 속 작은 사회 ❷ 혐오와 차별
무심코 했는데 혐오와 차별이라고요?

초판 1쇄 발행 2025년 7월 18일

지은이 김청연
그린이 김이주
발행인 김형보
편집 최윤경, 강태영, 임재희, 홍민기, 강민영, 송현주, 박지연, 김아영
마케팅 이연실, 송신아, 김보미, 김민경 **디자인** 송은비 **경영지원** 최윤영, 유현

발행처 어크로스출판그룹(주)
출판신고 2018년 12월 20일 제 2018-000339호
주소 서울시 마포구 동교로 109-6
전화 070-5080-4160(편집) 070-8724-5194(영업) 팩스 02-6085-7676
이메일 across@acrossbook.com **홈페이지** www.acrossbook.com

ⓒ김청연, 김이주 2025

ISBN 979-11-6774-222-3 (73300)

- 잘못된 책은 구입처에서 교환해드립니다.
- 이 책은 저작권법에 따라 보호를 받는 저작물이므로 무단 전재와 무단 복제를 금지하며,
  이 책의 전부 또는 일부를 이용하려면 반드시 저작권자와 어크로스출판그룹(주)의 서면 동의를 받아야 합니다.

제조자명 어크로스출판그룹(주) **제조국명** 대한민국 **사용연령** 8세 이상 **제조연월** 2025년 7월
주의 종이에 손이 베이거나 모서리에 다치지 않게 주의하세요.
KC마크는 이 제품이 공통안전기준에 적합하였음을 의미합니다.

만든 사람들
편집 박지연, 김아영 **디자인** 김규림

* 어크로스주니어는 어크로스출판그룹(주)의 어린이책 브랜드입니다.